杭州优秀传统文化丛书
Hangzhou Youxiu Chuantong Wenhua Congshu

古杭商道

沈珉 著

杭州出版社

图书在版编目（CIP）数据

古杭商道 / 沈珉著 . -- 杭州：杭州出版社，2021.12
（杭州优秀传统文化丛书）
ISBN 978-7-5565-1575-2

Ⅰ.①古… Ⅱ.①沈… Ⅲ.①商业史—杭州 Ⅳ.① F729

中国版本图书馆 CIP 数据核字（2021）第 217041 号

Gu Hang Shangdao

古杭商道

沈 珉 著

责任编辑	杨　凡
装帧设计	祁睿一
美术编辑	章雨洁
责任校对	陈铭杰
责任印务	姚　霖
出版发行	杭州出版社（杭州市西湖文化广场32号6楼）
	电话：0571-87997719　邮编：310014
	网址：www.hzcbs.com
排　版	浙江时代出版服务有限公司
印　刷	天津画中画印刷有限公司
经　销	新华书店
开　本	710 mm × 1000 mm　1/16
印　张	17.25
字　数	228千
版印次	2021年12月第1版　2021年12月第1次印刷
书　号	ISBN 978-7-5565-1575-2
定　价	58.00元

（版权所有　侵权必究）

序　言

文化是城市最高和最终的价值

我们所居住的城市，不仅是人类文明的成果，也是人们日常生活的家园。各个时期的文化遗产像一部部史书，记录着城市的沧桑岁月。唯有保留下这些具有特殊意义的文化遗产，才能使我们今后的文化创造具有不间断的基础支撑，也才能使我们今天和未来的生活更美好。

对于中华文明的认知，我们还处在一个不断提升认识的过程中。

过去，人们把中华文化理解成"黄河文化""黄土地文化"。随着考古新发现和学界对中华文明起源研究的深入，人们发现，除了黄河文化之外，长江文化也是中华文化的重要源头。杭州是中国七大古都之一，也是七大古都中最南方的历史文化名城。杭州历时四年，出版一套"杭州优秀传统文化丛书"，挖掘和传播位于长江流域、中国最南方的古都文化经典，这是弘扬中华优秀传统文化的善举。通过图书这一载体，人们能够静静地品味古代流传下来的丰富文化，完善自己对山水、遗迹、书画、辞章、工艺、风俗、名人等文化类型的认知。读过相关的书后，再走进博物馆或观赏文化景观，看到的历史遗存，将是另一番面貌。

过去一直有人在质疑，中国只有三千年文明，何谈五千年文明史？事实上，我们的考古学家和历史学者一直在努力，不断发掘的有如满天星斗般的考古成果，实证了五千年文明。从东北的辽河流域到黄河、长江流域，特别是杭州良渚古城遗址以4300—5300年的历史，以夯土高台、合围城墙以及规模宏大的水利工程等史前遗迹的发现，系统实证了古国的概念和文明的诞生，使世人确信：这里是古代国家的起源，是重要的文明发祥地。我以前从来不发微博，发的第一篇微博，就是关于良渚古城遗址的内容，喜获很高的关注度。

　　我一直关注各地对文化遗产的保护情况。第一次去良渚遗址时，当时正在开展考古遗址保护规划的制订，遇到的最大难题是遗址区域内有很多乡镇企业和临时建筑，环境保护问题十分突出。后来再去良渚遗址，让我感到一次次震撼：那些"压"在遗址上面的单位和建筑物相继被迁移和清理，良渚遗址成为一座国家级考古遗址公园，成为让参观者流连忘返的地方，把深埋在地下的考古遗址用生动形象的"语言"展示出来，成为让普通观众能够看懂、让青少年学生也能喜欢上的中华文明圣地。当年杭州提出西湖申报世界文化遗产时，我认为是一项需要付出极大努力才能完成的任务。西湖位于蓬勃发展的大城市核心区域，西湖的特色是"三面云山一面城"，三面云山内不能出现任何侵害西湖文化景观的新建筑，做得到吗？十年申遗路，杭州市付出了极大的努力，今天无论是漫步苏堤、白堤，还是荡舟西湖里，都看不到任何一座不和谐的建筑，杭州做到了，西湖成功了。伴随着西湖申报世界文化遗产，杭州城市发展也坚定不移地从"西湖时代"迈向了"钱塘江时代"，气势磅礴地建起了杭州新城。

从文化景观到历史街区,从文物古迹到地方民居,众多文化遗产都是形成一座城市记忆的历史物证,也是一座城市文化价值的体现。杭州为了把地方传统文化这个大概念,变成一个社会民众易于掌握的清晰认识,将这套丛书概括为城史文化、山水文化、遗迹文化、辞章文化、艺术文化、工艺文化、风俗文化、起居文化、名人文化和思想文化十个系列。尽管这种概括还有可以探讨的地方,但也可以看作是一种务实之举,使市民百姓对地域文化的理解,有一个清晰完整、好读好记的载体。

传统文化和文化传统不是一个概念。传统文化背后蕴含的那些精神价值,才是文化传统。文化传统需要经过学者的研究提炼,将具有传承意义的传统文化提炼成文化传统。杭州在对丛书作者写作作了种种古为今用、古今观照的探讨交流的同时,还专门增加了"思想文化系列",从杭州古代的商业理念、中医思想、教育观念、科技精神等方面,集中挖掘提炼产生于杭州古城历史中灵魂性的文化精粹。这样的安排,是对传统文化内容把握和传播方式的理性思考。

继承传统文化,有一个继承什么和怎样继承的问题。传统文化是百年乃至千年以前的历史遗存,这些遗存的价值,有的已经被现代社会抛弃,也有的需要在新的历史条件下适当转化,唯有把传统文化中这些永恒的基本价值继承下来,才能构成当代社会的文化基石和精神营养。这套丛书定位在"优秀传统文化"上,显然是注意到了这个问题的重要性。在尊重作者写作风格、梳理和讲好"杭州故事"的同时,通过系列专家组、文艺评论组、综合评审组和编辑部、编委会多层面研读,和作者虚心交流,努力去粗取精,古为今用,这种对文化建设工作的敬畏和温情,值得推崇。

人民群众才是传统文化的真正主人。百年以来,中华传统文化受到过几次大的冲击。弘扬优秀传统文化,需要文化人士投身其中,但唯有让大众乐于接受传统文化,文化人士的所有努力才有最终价值。有人说我爱讲"段子",其实我是在讲故事,希望用生动的语言争取听众。今天我们更重要的使命,是把历史文化前世今生的故事讲给大家听,告诉人们古代文化与现实生活的关系。这套丛书为了达到"轻阅读、易传播"的效果,一改以文史专家为主作为写作团队的习惯做法,邀请省内外作家担任主创团队,组织文史专家、文艺评论家协助把关建言,用历史故事带出传统文化,以细腻的对话和情节蕴含文化传统,辅以音视频等其他传播方式,不失为让传统文化走进千家万户的有益尝试。

中华文化是建立于不同区域文化特质基础之上的。作为中国的文化古都,杭州文化传统中有很多中华文化的典型特征,例如,中国人的自然观主张"天人合一",相信"人与天地万物为一体"。在古代杭州老百姓的认知里,由于生活在自然天成的山水美景中,由于风调雨顺带来了富庶江南,勤于劳作又使杭州人得以"有闲",人们较早对自然生态有了独特的敬畏和珍爱的态度。他们爱惜自然之力,善于农作物轮作,注意让生产资料休养生息;珍惜生态之力,精于探索自然天成的生活方式,在烹饪、茶饮、中医、养生等方面做到了天人相通;怜惜劳作之力，长于边劳动，边休闲娱乐和进行民俗、艺术创作，做到生产和生活的和谐统一。如果说"天人合一"是古代思想家们的哲学信仰，那么"亲近山水，讲求品赏"，应该是古代杭州人的生动实践，并成为影响后世的生活理念。

再如，中华文化的另一个特点是不远征、不排外，这体现了它的包容性。儒学对佛学的包容态度也说明了这一点，对来自远方的思想能够宽容接纳。在我们国家的东西南北甚至是偏远地区，老百姓的好客和包容也司空见惯，对异风异俗有一种欣赏的态度。杭州自古以来气候温润、山水秀美的自然条件，以及交通便利、商贾云集的经济优势，使其成为一个人口流动频繁的城市。历史上经历的"永嘉之乱，衣冠南渡"，"安史之乱，流民南移"，特别是"靖康之变，宋廷南迁"，这三次北方人口大迁移，使杭州人对外来文化的包容度较高。自古以来，吴越文化、南宋文化和北方移民文化的浸润，特别是唐宋以后各地商人、各大商帮在杭州的聚集和活动，给杭州商业文化的发展提供了丰富营养，使杭州人既留恋杭州的好山好水，又能用一种相对超脱的眼光，关注和包容家乡之外的社会万象。这种古都文化，也代表了中华文化的包容性特征。

城市文化保护与城市对外开放并不矛盾，反而相辅相成。古今中外的城市，凡是能够吸引人们关注的，都得益于与其他文化的碰撞和交流。现代城市要在对外交往的发展中，进行长期和持久的文化再造，并在再造中创造新的文化。杭州这套丛书，在尽数杭州各色传统文化经典时，有心安排了"古代杭州与国内城市的交往""古代杭州和国外城市的交往"两个选题，一个自古开放的城市形象，就在其中。

"杭州优秀传统文化丛书"在传统和现代的结合上，想了很多办法，做了很多努力，他们知道传统文化丛书要得到广大读者接受，不是件简单的事。我们已经走在现代化的路上，传统和现代的融合，不容易做好，需要扎扎实实地做，也需要非凡的创造力。因为，文化是城市功能的最高价值，也是城市功能的最终价值。从"功能城市"走向"文化城市"，就是这种质的飞跃的核心理念与终极目标。

2020年9月

（单霁翔，中国文物学会会长）

浙江名胜图（局部）

目 录

第一章
富而好德

003　蠡山脚下是富乡——商圣范蠡家国情

014　任恤可风创善堂——杭州商绅之群像

035　搜集残编护《四库》——丁氏昆仲铸传奇

第二章
敢为人先

055　千年助商说牙人——商业经纪人身影

069　行在会子满临安——最早纸币使用记

081　扬帆远洋做贸易——杭州的外贸景观

第三章
商文结合

099　文化、风月与经济——杭州的文化商人

123　慷慨出资助文学——鲁迅贵人蒋抑卮

140　"崇文舫课"一道景——商人子弟学校记

第四章
包容开放

151　临安市上多商人——杭州商人立体扫描

166　天城商都印象记——外邦人眼中的杭州

188　明朝深巷卖杏花——现代商业城市的雏形

第五章
诚信勤勉

213　高悬匾额戒欺客——胡雪岩行商秘诀

230　乌篷陋巷尽扇工——杭州扇业铸品牌

241　杭州酒楼吸星法——餐饮业文化比拼

第一章

富而好德

中国历史上，商业历来被视为末业，商人也被视为逐利之夫，评价不高，但仍有一些志存高远的商人能在历史舞台上留下自己的美名。他们不以追求金钱为唯一目的，而是将之视为实现自己人生理想的物质基础，或将其作为造福乡里的有效途径。

本章书写的几位商人就是这样的榜样。

"商圣"范蠡，从不以发财为最终目的，而是将财富管理与国家管理结合起来。他深谙民富而知礼节的道理，在具体的商业行为中也是"授人以渔"，以指引百姓走上富裕之路为要。

南宋杭州商人蒋崇仁，既有一定的经济实力，又有良好的个人修养，同时还关心公共事务，在乡里发生重大或危难的事件时常常挺身而出、勇于担当。民间还称其为"蒋自量"，就是源于其赈粮救济百姓的传奇故事。

乡贤是古代地方治理的强大辅助力量，本身也具备爱护乡民的良好品质。本章表现了清中期杭州乡贤的公益之心与恤民之举。胡雪岩设义渡，造福一乡百姓；俞襄周等继续改进渡江条件，为大众服务。丁丙一生为乡里做善事无数，具财富之实而无露富之态，把财富用于更有意义的精神追求之中，为编辑地方文献作出巨大贡献，更为保存文澜阁《四库全书》殚精竭虑，其精神流芳万代。

蠡山脚下是富乡
——商圣范蠡家国情

范蠡是一位充满了传奇色彩的商人。直到今天，范蠡辅佐勾践复国的故事依然让人再三回味，范蠡制秤的故事让人赞叹他对公平经商的珍视，"三聚三散"的疏财故事让人敬佩他的高义，范蠡与西施泛舟五湖的故事更让人津津乐道。

在说范蠡的故事之前先要澄清勾勒下有关范蠡的传说与史实。

关于范蠡的事迹，我们现在只能在《吴越春秋》《越绝书》《史记》等文献中看出个大概，其他多属于传说。特别是范蠡与西施结为神仙眷侣、游历天下的故事，多出于民间美好的愿景。西施的命运可能很悲惨，她被勾践沉了江；范蠡的命运则让人感慨不已，他是个颠沛流离的政治流亡者。

但是在民间，我们看到的却是凡是范蠡足迹所到之处，几乎都有范蠡祠：他出生的地方、在越地为官的地方、在吴越海滨聚财致富的地方……这起码说明对于范蠡的纪念是民间自发的，是真诚的。一个政治流亡者，一个身处"重农抑商"时代的商人，为什么会被后人这样崇敬与怀念呢？"商圣"、"商祖"、道教文财神、中华慈善鼻祖……这说明百姓心中有杆秤，不仅认同他的财商，更认同他的人品。范蠡不仅是商业经营诚、信、义的代表，而且他的经商思想已经完全跳出了商人单纯谋利的局限，让商业具有了经世济民的价值。这样的人，应该配有一个光彩暖色的结局。

好，让我们穿越到约两千五百年前，讲讲范蠡的故事吧。

一、奇怪的"宝井"与"高库"

春秋战国时期，中原经济意识较强。会经商的商朝人被迫离开故国之后，迁往楚地的人很多，所以楚人的商业意识也得到了提升。范蠡是楚地人，耳濡目染，也有了一定的经商思想基础。

范蠡想施展自己的抱负，在经过一番深思熟虑之后，他决定不去文明程度很高的中原，而是来到边远地区的越国。看，这里就有错位入市的方法，他的商业头脑在政治上同样适用。

但范蠡到达越国之际，正是吴越争霸之时。

吴越争霸，是春秋末期的大事件。公元前496年，吴王阖闾出兵伐越，两国交战于槜李（今嘉兴西南），史称"槜李之战"。在这次战争中，吴王阖闾受伤后不治身亡，临终前命太子夫差继任。夫差励精图治，勤于练兵，准备伐越复仇。公元前494年，越王勾践欲先发制人，不听范蠡慎战的劝告，出兵三万进攻吴国，结果大败。范蠡与文种等都认为唯一的办法就是求和图存。

范蠡陪勾践入吴国为质，还用勾践之剑刻下十二字：待其时，忍其辱，乘其蔽，就其虚。勾践也确实能够装"贱"，"身为奴，妻为婢"，卧薪尝胆，"苦心人，天不负"，夫差最后无理由再扣留勾践，于是让勾践回国。

勾践回国后，励精图治，一心复国。范蠡与文种都认为："兵之要在于人，人之要在于谷。故民众，则主安；谷多，则兵强。王而备此二者，然后可以图之也。"因此，范蠡与文种等大臣一起努力，内外一起抓。

军力方面，大练兵。号召年轻人参军，并造船练兵，同时给生育的妇女以赏赐，搞得热火朝天。

现在萧山境内的越王城山，据说就是当年越王练兵的场所。大概是动静搞得太大了，吴王听说勾践在下面搞小动作，不安分，所以又派遣军队一路杀来，将越王城山团团围住。吴国军队只围不打，眼见得越军粮食一天少于一天，这个僵局该怎么破呢？

这天，范蠡在山上巡营，看到山下隐约可见的吴军旗帜，不禁双眉紧锁：这样下去，军中真要无粒米下锅了，那离大军溃败也就快了。怎么办？他一路想，一路走，来到山腰的饮马池边，突然看到水中有几条红色的小鱼。范蠡眉头骤然展开，仰天大笑，连说："天不绝我！天不绝我啊！"他让军士马上请勾践过来，两人对着池里的小鱼，兴奋地低声商议。

接着，勾践让军士捉了一对小鱼，送到山下的吴营去。

军士很纳闷，觉得这些将领都是打哑谜的高手。前两天，吴营派人提了两条咸鱼上来，勾践看到之后，脸都发绿了，还大发雷霆。现在勾践又让人送鱼下山，还满脸喜庆。真是想不明白。

令士兵们吃惊的是，几天后，吴国军队竟主动撤走了。

这就是"越王馈鱼退敌"的故事。士兵们不知道双方将领其实在玩高智商游戏。吴军送咸鱼过来，意思是你山上无淡水，有鱼也无法消受。勾践送活鱼过去，传达了几层意思：第一是山上有食用水，渴不死；第二是山上有活物可食，饿不死。所以你吴军拼命围着吧，没有用。

吴军将领倒也识趣，想想自己远道而来又围山多日，士气已是强弩之末，既然围不死，那就拉倒吧。于是引兵而去。一对活鱼，救了越国三千将士。

国力方面，抓生产。"劝农桑，务积谷"，努力发展农业，同时全面发展国内经济。范蠡实际上是越国"十年生聚，十年教训"最重要的计划者和领导者。

范蠡是商业奇才。他在越国为官期间，就注意到了经济强国的重要性，因此把商业手段与治国手段结合在一起，将农牧商结合起来，进行综合经营。《拾遗记》卷三有记载说"范蠡相越，日致千金"。虽然此处记载多出于想象，但多少反映出范蠡治越时越国商业的繁盛。

越国都城重新兴建起来之后，在城中设置了集市。越国的百姓发现了奇怪的现象：不少役夫在挖掘深井、修筑高楼。这是要挖井，还要是要修工事？但都不像啊。这里既没有水源，也不是前线。更奇怪的事情发生了，百姓发现役夫们在把各种各样的商品往深井里运，往高楼里抬，原来这是堆积货物的"宝井"与"高库"。

百姓还发现范蠡府前的空地上经常停着各类马车，从车的形制来看，不少来自中原地区等外乡，车上堆满了不同款式的塞得鼓鼓的袋子，之后，这些袋子出现在集市上，里面是各种越国人没见过的东西。范蠡府中的家僮与仆役也经常很匆忙地出入城门，每次进出都赶着不同形制的马车，车上堆满货物。

不久，越国的百姓发现集市上外乡人的面孔越来越多，市场上的东西品种也越来越多。从货物的品种来看，包括各种农产品、畜产品与水产品，也有日常生产、生活用品，而且都是本地不常见的，可见当时越国的商业活动已经跨越了地域限制。"天下熙熙，皆为利来；天下攘攘，皆为利往"，开放的政策使得各地的财富迅速向越国聚拢。

对外，勾践采用了文种之计来对应夫差，其中一条就是"遗美女以惑其心而乱其谋"。范蠡亲自实施"美人计"，美女西施自此从浣纱溪边走上历史舞台，范蠡也就成为"间谍培训考官"兼"护花使者"，一路护送西施一行人到达吴国国都姑苏。

从越国到吴国，是从浙东的河道通过三江口到达现在的萧山，再渡过钱塘江一路转向北方。传说这一路上，范蠡与西施互相爱慕，但是为了国家大业，两人暂把私情搁置在一边。

到达吴国之后，西施果然起到迷惑夫差、离间吴国君臣的作用，吴国的主战大臣伍子胥也被夫差赐死。传说装着伍子胥尸体的皮囊被扔进钱塘江后，伍子胥化身为钱江大潮，每天发出不平的呐喊。

公元前482年春，夫差领精兵在黄池（今河南封丘南）会见各路诸侯，打算与晋国争做霸主，吴国境内只有太子留守，并留下了少量老弱军队。范蠡认为伐吴的时机已经到来，劝说勾践兴兵伐吴。最终越军攻破了吴国都城，俘虏并杀死了吴国的太子。但因吴国精锐尚在，越国暂时与吴国议和。此后几年，吴、越两国频频交战。公元前473年，勾践让范蠡率前军再次伐吴，困夫差于姑苏城内。勾践终于等到雪耻的一天。当勾践的大军进入吴国国都时，一代豪雄夫差羞愧难当，被迫自刎之际还不忘嘱咐身边兵士，死后要在他脸上蒙上白布，以免被先祖耻笑。吴越争霸的故事到此似乎可告一段落，但是越国大夫范蠡的传奇人生从这时愈加精彩。

二、蠡山的文化记忆

早在辅佐勾践的时候，范蠡就看出"长颈鸟喙、鹰视狼步"的越王不是个善茬，只能同患难，不能共富贵。所以越国复国之后，他就劝说另一位大臣文种一起离开勾践，但是文种拒绝了。范蠡就与心上人西施一起退隐江湖。

当然，这也只是西施传说的各个结局中最让人感到欣慰的一个。

范蠡兴越灭吴之后行踪的记载和传说颇为错综复杂。《吴越春秋》与《史记》记载的路线正好相反。《吴越春秋·勾践伐吴外传》说他"乃乘扁舟，出三江，入五湖，人莫知其所适"，是往浙西进入吴越交界地；《史记·越王勾践世家》记"乃装其轻宝珠玉，自与其私徒属乘舟浮海以行，终不反"，认为范蠡向浙东、向大海而去，但是两书都没有记载他与西施在一起。

直到唐代以后，各种记载或传说中才将离越后的范蠡与西施联系在一起。

位于杭州和湖州交界处的德清境内,有一座海拔并不高但却显得苍郁深幽的小山,清《康熙德清县志·蠡山》中有记载:"昔范蠡扁舟五湖,寓居此地,属三致千金之一。"这或许是范蠡与西施流亡的第一站。

于是,在很多年前的某一天,质朴的村民们发现村里搬来一户人家。这户人家人口不多,但气质出众,装束也很不一般。男主人斯文有礼,见了村人总是彬彬有礼;女主人貌若天仙,连走路都仪态万方。两人在此住下后,虽然也过着男耕女织的生活,但是抚琴吟唱,夫唱妇随,如人间散仙。更奇特的是,那男主人对村里的一洼水池注视了很久,然后开始往水池里撒鱼种。村里人还发现,这男主人养鱼的方法很怪,不仅往水池里撒放不同鱼种,而且不同鱼种的比例都有规定。他还编了竹篱笆放在水里。怪虽怪,但他放养的鱼长得特别好、特别快。过了几个月,村里人发现开始有外地做鱼生意的商人来到村里,那男主人也不客气,直接把他们引到池边,从水篱笆里直接往外网鱼,那鱼长得真叫肥。

男主人从从容容的,就赚了个钵满盆满。

村里人羡慕极了,开始旁敲侧击地向男主人请教养鱼之法。男主人倒是一片热心,亲自传授。很快,这个村子就成了远近闻名的养鱼村,鱼商们络绎不绝地来收鱼,村子没多久就成了闻名遐迩的富裕村。村民们后来才知道,这对夫妻就是范蠡与西施。范蠡养鱼致富用的方法叫"鱼簖养鱼法",说穿了就是把竹篱笆下到池塘一角的水中去,隔断水域,又不妨碍水自由流动。而把鱼养在池角,既便于统计,又便于饲养。范蠡还写了一部养鱼的著作,叫《养鱼经》,就是讲如何配比不同的鱼种与鱼量以达到生态平衡，提高鱼的产量。

范蠡和西施在村里生活得很愉快。不过好景不长，在他们的身份暴露后没多久，勾践的追兵就到了。

那时文种已经被杀，"狡兔死，走狗烹"的悲剧已经上演过一次。勾践确实有了赶尽杀绝的心思，士兵们如狼群般涌进山村。

范蠡与西施无处可藏，只好躲进了土地庙。传说中，当地的土地爷突然显灵，在庙门上结了数张大蛛网。这些蛛网迷惑了追兵，让他们以为无人进入庙里，不再入庙搜索，范蠡与西施因此逃过一劫。范蠡知道此地已不能再留，想要活着，就要远离吴越之地。

夫妻俩只好迁居。

这座小山村里，到处留下了他们的足迹。乡民为纪念范蠡，命名此山为蠡山，又将山北洋洋千顷的大湖唤作"范蠡湖"。为了纪念范蠡，人们还为他修了祠堂，建神祠供奉。该祠曾在清光绪年间重修，近些年还整修了范蠡祠的戏台，复建范蠡祠大殿，祠貌焕然一新。这里风光很美，清代徐以泰曾有诗云："白银盘漾一螺青，洞口胭脂带雨零。怪道西施曾小住，水杨柳亦学娉婷。"除了范蠡祠，村里还有范蠡养鱼处，附近还有西施驻马岭、西施梳妆墩等景点。

点点滴滴，可见德清人对这对才子佳人的感情之深。

三、"三聚三散"，事关百姓

没有明确的史料能够说清范蠡后来到底去过哪里，

干过什么。多年后，齐威王拜访范蠡，问了这样一个问题："听说先生有多个名字，在太湖叫渔父，在齐国自号鸱夷子皮，在西戎又自称为赤子精，到越国才称范蠡，是这样的吗？"范蠡回答说："是这样的。"几种称谓，说明了这位越国大夫从事过的多种职业：政治家范蠡，养鱼大户渔父，开挖盐田的鸱夷子皮，烧制陶器的陶朱公，等等。不管经营渔业、农业还是商业，范蠡都能凭着自己的智慧日进斗金。

传说范蠡先在齐国治产，积资数万。将家产散尽后又来到山东，最后定居在山东肥城，自号陶朱公。经商十一年，又积资数万，最后死在肥城。后人把陶山称为鸱夷山，在山脚修了范蠡墓，在山上造了范蠡祠。虽然赚了很多钱财，但是范蠡却把金钱看得非常淡薄，常常"尽散其财，以分与知友乡党"，而且"三聚三散，乐善好施"。

传说有一天，范府来了一位相貌斯文但是衣衫褴褛的年轻人，请进府交谈后才知道这是鲁国的贫寒书生猗顿。猗顿说："先生，俺们鲁国也算是一方宝地，种田植桑，多有富户。但俺咋就不行哩？'耕则常饥，桑则常寒'，俺出了啥问题哩？"范蠡一听就清楚了："猗先生是一介书生，当然农田技艺方面就比不上一般的农夫了，所以想致富，就要另辟蹊径。"猗顿两眼放光："难道还有捷径？"范蠡说："农业不行，就改畜牧业，'子欲速富，当畜五牸'。"畜牧业倒对农活手艺不太挑剔，但也要有技巧，要讲天时地利，要喂养雌性牲畜。猗顿按范蠡的指点来到西河（今晋南一带），大畜牛羊，后又经营盐业，十年之间成为与范蠡齐名的巨富，驰名天下。汉代贾谊《过秦论》中"陶朱、猗顿之富"，说的就是这两人。

而"范蠡制秤"的传说，更能充分说明他对商业精神的理解。传说范蠡从汲井的方法联想到制秤的原理：用一根细杆，在一头钻上小孔，孔上系绳，便于手掂。一头吊挂盘，装盛货物；另一头系石为砣。货物越多，石离系绳处越远。这样就能测定货物的重量。那么怎么来划分具体的标记呢？范蠡苦思冥想，仍不得要领。有一次他夜观星宿，突发一念，就用南斗六星与北斗七星作标记：一颗星一两，十三颗星就是一斤。市场上统一质量的工具就这样诞生了。为了提醒商人们要诚实交易，范蠡又动了一番脑子。他在南北斗十三星外，又加了福、禄、寿三星，改为十六两一斤，以此告诫商人不能赚黑心钱："经商者欺人一两，则失福气；欺人二两，则失俸禄；欺人三两，则失阳寿。"商道即是人道。

后世评价范蠡："忠以为国，智以保身，商以致富，成名天下。"范蠡是商人完美人格的体现。"商圣"之称，不只是因为范蠡是个成功的商人，富可敌国，更在于他是以商为手段来造福百姓、教育百姓的。正因如此，他被称为"中华商祖"，并成为民间崇拜的文财神原型。

如果我们把各地范蠡祠庙综合起来考察，似乎能够复盘这位商圣的行踪与生平——楚地宛、越地诸暨、吴地吴江、齐地定陶等地及其周边都有其祠庙。

楚地是其出生之地：宛县、穰县、新野，甚至襄阳，都有供奉范蠡的祠堂。

越地范蠡祠分布于诸暨、山阴（今浙江绍兴）、上虞、余姚等地，这与他辅佐勾践，使越国由孱转强的经历有关。

在齐地，定陶县、曹县等地早已有范蠡祠庙存在。

后人是凭借对才子佳人的美好祝福，才在吴越交界的嘉兴、德清等地想象出范蠡隐居的美好家园；五湖是他从政治家转为商业家的重要地方，也是其爱情得到想象与升华的地方；齐地则是其经济商业活动最为活跃的地方。

虽然真相已经迷失在历史重雾之中，我们实际上已经难以知道范蠡的真实生平，但在传说中，范蠡几乎是一位完美的圣人。低调的文人特别欣赏这种潇洒的人生态度。宋代李纲《论范蠡张良之谋国处身》云："故夫智谋之士，处困厄之时，能忍辱以伸其志；当事几之会，能决断以收其功；功成名遂，能高举远引以全其身。微二子，吾谁与归？"北宋苏轼评价范蠡："春秋以来用舍进退，未有如蠡之全者也。"

意在江湖，又岂恋庙堂？

犹如狂风卷过，广袤的大地上仍然万物孕育，四季轮回。真正的伟业是与大地同在的，为其耕种穰收。在这个意义上，无论是从政还是从商，都是一样的。

参考文献

1.〔东汉〕赵晔：《吴越春秋·勾践伐吴外传》，商务印书馆，1937年。

2.〔西汉〕司马迁：《史记·越王勾践世家》，中华书局，1964年。

任恤可风创善堂
——杭州商绅之群像

一般来说,慈善事业大多由政府承担。南宋由官府买单的慈善机构,主要有养济院、漏泽园、慈幼局和施药局等,涉及面很广。养济院是针对低保户的养育机构,贫老与乞丐都能够按时领钱粮;漏泽园相当于公共墓地,凡无主尸骨及家贫无葬地者,均可由官家丛葬于此地,此园多由僧人守护管理;慈幼局是收养弃婴的机构,是育婴堂的雏形,其雇用妇女收养弃儿,并给一定的钱米,让妇女将婴儿养育到3岁;施药局有点像现在的防疫站,在疫情流行或者人民无钱治病的情况下发挥作用。

可以说,宋代是个社会福利很高的时代,孤老有所养,病死有人管。但是政府组织的慈善机构,多少有点不接地气,而且政府出钱,一旦资金不到位,就很容易断档。

明清以后,民间由商人为主体的慈善机构应运而生。

杭州作为一个重要的商业城市,定居杭州的商人很多。明清以后,全国盐业以两淮与两浙为主,两浙盐业的中心便是杭州。江浙的盐业在全国盐业中占据了很大份额,明朝嘉靖年间,浙江的著名盐商就有35人。《两浙盐法志》收了明清有影响的盐商164人,只有26人是本地人，大多是安徽、山西等地过来的商人，比如安徽汪氏与吴氏两大家族在杭州经商的就有不少，里面也有不少学者与官员。这些商人对地方建设有不小的贡献，而助贫扶弱是商人的重要善举，拒暴安良更是商人的义举。

明清时期的慈善机构主要有恤嫠会、放生会、同善会等。

这些分别是干什么的呢？先解释下。

清嘉庆二年（1797），盐商许擎、王履阶等提出申请，创办"恤嫠会"。"嫠"字怎么解释？就是指寡妇。"恤嫠会"就是旧时一种救济贫困寡妇的慈善机构。清人张焘的《津门杂记》有载，指出恤嫠会"专养寒苦孀居，月给口粮"。

由于寡妇太多，补助的金额又是按盐引的一定比例提取的，总额相对固定，"恤嫠会"的补助不能等额发放到每位提出申请的妇女手里，所以只好在申请人中进行遴选，入选者分成正册与副册两种。列入正册的一年能够领取 5 两的补助；副册所列的是备选的女性，在备选期间，得到的补助要少一些，每年 2 两。备选者要等那些接受全额补助者死亡后才能替补上去。按照当时的物价，每年 5 两勉强度日，2 两的意义就微乎其微了。即便是这样，中签率也不过 2%，可见当时寡妇何其多！而且数字还在不断刷新。到了"恤嫠会"的后期，因为申请人数实在太多，只好不再增加补助名额，"恤嫠会"逐渐成了"老妇援助会"。之后，"恤嫠会"工作被整合并入普济会之中。

放生会是个具有宗教色彩的社会机构。"放生"源于佛教教义中的"不杀生"。杭州历来就有"放生"习俗。根据佛教传说,每年农历四月八日是佛诞日,这天在杭州,不仅要浴佛,也要放生。百姓聚于西湖边的放生池,把购来的鱼啊、鳖啊、螺啊、蚌啊,投到水里。其主观意图是劝人行善,客观上又起到保护西湖的作用。康熙年间,杭州人吴陈炎组织的放生会就是个慈善组织。放生会每个月集会一次,内容就是做好事,接济需要帮助的人。放生会的钱款来自会员的捐赠,也向社会募集。他们还有一个《放生会约》,提倡"随时随遇买放",不要定期放生。

同善会是在崇祯十四年(1641)创立的。到了清代,同善会与国家创办的普济堂、育婴堂共称为"三善堂",此外还有数量众多的独立慈善组织,共同编织成一张慈

放生嘉会

善大网。比如济仁堂，就是一个独立的慈善机构，但在业务上又与其他机构交叉，主要从事"寒衣、汤药诸善举"，即"寒为之衣，疾为之药，暑为之茶，冬为之汤，以暨施槥、捐葬、掩骼、放生、惜字诸事，靡不毕举，诚盛心也"，管理的事项很多。

同善会下面还有一个惜字会，进行的工作就是将写过字的纸张收集起来烧毁。过去路边设有惜字塔，和现在的垃圾箱差不多高，就是专门用来收集废弃的写有字的纸张的。古人对知识有着由衷的敬爱，由此行为即可见一斑。

迁善所和洗心所就像现在的少管所、劳教所与戒毒所。不良子弟被收容后，管教所以严格的管理方法去除少年恶习，让其进行强制性劳动，学会谋生方法。除此之外，还要让他们学习《觉世经》《阴骘文》等劝善书——既拯救他们的肉体，也拯救他们的灵魂。

慈善扶助的对象一般是贫困无依的孝子、节妇或是未被养济院收容的贫老病者。救助的范围很广，从哺育幼婴弃儿到赡养孤寡老人，从收容盲流到管理乞丐，从施舍米粥到发放米粮，从制造棺木到掩埋无名尸体，从医疗救治到大众防疫，从疏浚湖泊到保障渡口，从开办义塾到宣传惜字，从保甲治安到救火救生，方方面面，点点滴滴，基本上涵盖了杭州百姓生活的各个方面，力求做到使老独病亡皆有所依、使孤寡妇孺皆有所养、令贫丐皆有生路，涉及面之广、纵横程度之深，让人叹为观止。

除了慈善机构，也有不少富人行义举周济穷人的。

这些行善人，习惯上称为绅商，是指既是乡绅又是商人的群体。绅商能够上达官府，下通民情，社会身份灵活，更能把慈善做到位。举个例子，南宋时有富人体察到穷人实在难以度日，就在晚上将些钱财塞到穷人家的门缝里。第二天，穷户一见钱财如自天降，阖家感恩，由此可能种下善的种子。

明代歙县商人吴元溟，祖上已来到杭州多年，拿到了钱塘商籍。这位商人比较特别，他懂医术。万历间，浙江大疫，吴元溟随父道川为民施药，救活了许多人。崇祯庚辰年（即崇祯十三年，公元1640年）发生大饥荒，吴元溟拿出钱及米五百斛，分给亲友与同乡。吴元溟还做过一件好事，朋友程某因为欠了税金被逮入狱，吴元溟说："我替他还了吧。"使程某免了牢狱之灾。

明代恳请官府设立商籍的商人中有位叫吴宪的，他有个儿子叫吴璠。吴璠成年后在福建经商。当时福建某地闹贼，贼人俘掠良家子女。吴璠倾家资代赎，"完其父子夫妇者几千人"，做了大善事。吴璠回到杭州后，发现杭州流动人口太多，有的外地人不幸丧命杭州，没有人收殓，所以又创立了悲智社来为外地人办丧事。这些商人善举，历史上还有许多，下面再说一些比较有名的。

一、"蒋公庙"祭"蒋自量"

南宋建炎年间，杭州惠济桥（即盐桥）附近有一蒋姓绅士去世，当即有附近百姓纷纷赶来吊唁，灵堂上哭声一片。这位去世的乡绅叫蒋崇仁，行第七，又称蒋七郎。蒋七郎丧事办完没有几天，某天晚上，附近的老百姓都做了同样一个梦：蒋七郎告诉大家，自己已被城隍敕封为地方神祇，要保一方平安。由于梦境太过真实，第二天邻居们一交流，认为有个地方神保佑大家也好，而且蒋七郎生前也确实做了不少善事，就这样，蒋相公祠很快就建起来了。

杭州地方神很多,但多是公侯将相,从平民百姓上升为神的不多,蒋七郎崇仁就是有名的平民神祇了。

蒋七郎究竟做了什么善举,才能得到当地百姓如此的爱戴呢?

蒋家世居杭州西溪,是个名门望族。到了蒋七郎这一代,兄弟众多,七郎以下,还有八郎蒋崇义、九郎蒋崇信。蒋七郎少时,蒋家搬到了杭州盐桥边的兴德坊。时值宋室南渡至杭,升杭州为临安府,城内一下子涌入了许多居民,造成了粮食供应严重不足。

南宋时,盐桥是个繁华的地方,处在运河转入内河的通道上,船只聚集,交易频繁,"宋时盐船待榷于此"。到了元末,张士诚开挖了新运河,杭州的税卡移到了城北北新桥一带,明代时北新关就成为北新钞关。当然,这都是后话了。南宋时盐桥一带粮船密集,粮食交易量很大。

蒋七郎看到临安城内缺粮的情况,就寻思能不能仿照官府设置的"常平仓",在丰收之年大量买入粮食,在荒年按平价卖出,以救济百姓。说做就做,蒋崇仁在当年秋收之后就开始买入粮食,并储藏在附近的七宝寺内。

过了两年,果真遇到收成不好的年景,临安府及周边州县的粮食都减产了。粮食少了,米价自然上涨。相比其他地方,江浙一带的粮价还算中等,但是一到荒年,米价上涨飞快,民生一下就艰难了起来。临安城里的百姓听说城中蒋相公的米仓平价粜米,将信将疑地前往探听。到了一看，满面和善的蒋相公正在张罗着卖米，而且真的是平价出售。

百姓一下兴奋起来了。一传十，十传百，百传千，七宝寺外挤满了来买米的人。

蒋相公一见人群密集，高声让大家不要着急，排好队，要买多少粮食自己盛量，把钱放在柜里就行。众人见量米的斗斛一字排开，足有几十个之多，便自觉排队，依次上前，自己盛量。秩序稳定了，买米的速度也提高了许多。

当然，林子大了什么鸟都有，买米的人群中自然也有个把贪便宜的，看到蒋家的管理这样粗放，就使劲地多称了几斗，心满意足地回家了。但是回家了才发现，买回的米居然与付出的钱正好等值，一点便宜也没占到，百姓们知道后无不啧啧称奇，便把蒋相公称为"蒋自量"，称赞他卖米公平如有天助一般。

不只是平价出粜粮食以助民，如果遇到有人家断炊了，蒋家三兄弟还亲自送米上门，而且分文不取。蒋家兄弟为人还特别和气，与邻居交往也是彬彬有礼，平日里乐于助人，经常充当邻里矛盾的调停者，在民间的口碑相当好。在蒋家的影响下，兴德坊的邻里关系非常融洽，堪称当时"五讲四美"的社区楷模。

蒋崇仁过世前，还不忘告诫兄弟一定要把慈善事业做下去。

蒋崇仁去世之后，百姓深感其恩，才有了本节开始的那一幕。

蒋家八郎蒋崇义、九郎蒋崇信也继续兄长的遗志做好事，一直坚持了几十年。蒋相公祠也颇受后世百姓的重视，祭祀不断，而且规格越来越高。在民间传说中，蒋相公祠非常灵验，管防火，助下雨，有危难时只要求蒋相公，他就会暗显身于空中，降福人间。

到了清代，蒋相公祠被改为"广福庙"，朝廷追封蒋崇仁为孚顺侯、蒋崇义为孚德侯、蒋崇信为孚佑侯，其夫人子孙也各有追封，"蒋自量"也成为杭州百姓爱戴的地方神祇之一。

二、杭州善举联合体

日本学者夫马进在他的著作中将清代杭州的慈善机构称为"杭州善举联合体"，并称赞说：杭州的慈善机构居然这样完善，不仅涉及面广，而且慈善家众多。善举联合体经营管理者的主体是一群介于官商之间的杭州绅商，他们被称为善举绅董，是联合体的组织核心。可以说，绅商在治理城市方面发挥了重要的作用。

作为杭州最著名的慈善家，丁丙提供了一张名单，是杭州善举联合体的 21 位董事，简称总董，以区别于低级别慈善机构的董事，这些绅商成了杭州的大管家。我们来看看这个名单：

王　泰	钱塘县人	候选员外郎
胡光墉	钱塘县人	江西候补道
吴　恒	仁和县人	江苏候补同知
徐恩绶	钱塘县人	内阁中书
沈映钤	钱塘县人	韶州知府
应宝时	永康县人	苏松太道
陆　檀	钱塘县人	江苏候补同知

金日修	钱塘县人	兵部员外郎	
叶葆元	仁和县人	以知县分发广西	
丁　丙	钱塘县人	江苏特用知县	
吴凤喈	乌程县人	工部员外郎	
王　同	仁和县人	工部主事	
高云麟	仁和县人	内阁中书	
王震元	仁和县人	嘉兴县训导	
陈宝溁	嘉兴县人	候选道	
庞云镨	乌程县人	部郎	
庞元济	乌程县人	举人	庞云镨之子
金承诰	钱塘县人	杭州府廪生	金日修之子
吴寿昌	仁和县人	候补郎中	
应德明	永康县人	太常寺博士	应宝时之子
陆家骧	仁和县人	候选训导	

这21人中，除6人外，其他都是杭州籍，而这份名单简直就是杭州富翁排行榜啊！胡光墉就是胡雪岩，典当商、药商兼军火商；丁丙是典当商与箔商；陈宝溁是米商。而且不约而同地，这些人多有一顶官方的帽子，虽然多为捐官，但也可谓是商官一体。就是当时看上去只有一个举人名头的庞元济，摸摸家底，也是吓人一跳。他是南浔镇上最富有的"南浔四象"之一庞云镨的儿子，他能够得到举人的功名，也是因为他捐赠了10万两的赈灾款。

杭州乡贤慈善行为最值得一书的就是在1860年至1861年间太平军与清军在杭州发生拉锯战的时候。因为战火影响，当时杭州官绅士女之死者有六七万，流民很多。除了饥饿，他们还要受到官兵的抢劫盘剥，一位外国传教士的回忆录中就有对当时官兵抢掠害民的行为的指责。而且由于战事，之前杭州的慈善机构也受到极大的破坏。

战争期间和战后,杭州的乡绅纷纷行动起来,投入到安抚市民、生产自救的工作中。战乱多死人,死人不埋,易引起瘟疫;战事毁家园,百姓流离失所,供给粮食与提供居所都是慈善的主要工作。

1860 年农历八月,杭州城内尸体堆积,加之气温又高,丁丙的内兄陆点青就自己出钱,请人掩埋尸体,由丁丙的兄长主持掩埋事项。

1861 年,因受战争影响,出城极为困难,杭商胡雪岩想尽办法偷偷出城,采购了两万担粮食到杭州,但是由于战事越发激烈,粮食根本无法运入城中。当时,掌握浙江兵权的是浙江巡抚左宗棠,胡雪岩便抱病求见左宗棠,表示愿意将粮食先施于苏州,然后再采购粮食回救杭州。这一义举使得左宗棠对胡雪岩另眼相看,也为他之后托付胡雪岩以重任埋下了伏笔。杭州再次被围之时,丁丙也召集同人掩埋尸体,同时在杭州城内多个地方设棚施粥。

1864 年,左宗棠进驻杭城,马上召见了胡雪岩、丁丙等人,共同商量如何处理战后的善后事宜。在首先开设的赈抚局中,吴恒、徐恩绶、王迪、周元履、张鼎元、陆檀、林一枝、任禄谦等一大批杭州商绅义不容辞地加入了赈抚局的工作,主要负责人是胡雪岩,共九位绅商参与管理。

赈抚局设立后,分设了四个难民局和专门收养妇女与小孩的两个局。难民局东隅在金芝麻巷,南隅在柳翠井巷,西隅在塔儿头,北隅在天长寺,每日施粥给钱。收养妇女小孩的两个局,上城在三角地,下城在小福清巷。林桂山、沈仲骧、吴蔼棠、邵品三、蒋星槎、任莲伯等人分任其事。

此外，在丁丙的建议下，左宗棠还设立了施材局和掩埋南北两局，分别办理施予棺木和掩埋尸骨的相关事宜。

而在随后创建或兴建的同善堂、普济堂和育婴堂中，都有绅商参与管理并担任董事、司事等职。

针对战后的实情，杭城总共设有东、西、南、北、中、湖墅、江干七个厂，向贫穷者施粥，"厂中应用锅灶、粥桶、木杓器具等项，视人数之多少，酌量置备。每日辰、未之初，先给大小竹筹，后分男左女右班，凭筹支粥。大口给粥二杓，合米四合；小口一杓，合米二合。由地方官随时稽查弹压，不得争先拥挤"。

丁丙的这段叙述还原了当时的场景：每日辰时或未时之初，乡绅就开始在粥厂施粥。粥厂根据人数多少，合理置办施粥原料与工具。在施粥前先发放大小竹签，

丁丙像

再分男左女右两列，凭竹签给粥。领粥的人不管用什么器具，口大的给两勺（"杓"同"勺"），口小的给一勺。为了防止粥过稀，也有规定，就是筷子插入粥中要能立住，这是官方施粥的规矩。施粥时还有地方官吏来检查，控制场面，以免因拥挤发生踩踏事故。

之后又设置了丐厂，就是收容乞丐的机构，地点就在四所粥厂的周围。丐厂收留乞丐，并选择丐头对这些乞丐严加管理。每所丐厂每月需经费1000文，均由同善堂供给。

1889年，浙江省发生特大灾荒，官府为了体恤乞丐，又增设了草厂4所，草厂外加设恤灾所。杭州普济堂重建之际，并未设立恤灾所，直到1875年才由绅士王同捐资在普济堂和育婴堂之间的空地构屋16间，收容这些灾民。恤灾所收留灾民，留养时间以半个月为限。

上述各项事宜听上去非常烦琐，而且很多与现在某些行政部门的功能相近。如果梳理下整个机构，管理层面30余人，司职人员60余人，雇工1000余人，这是个庞大的组织。善举联合体的经费主要来源于这些绅商经营的商业，即各同业行会的捐助。

三、杭州义渡传奇

杭州面江，钱塘江水潮起潮落，来往船只需等到顺着潮水流向行驶才能顺利渡江。唐宋时期，钱塘江北岸有樟亭渡口，南岸有西陵（西兴）渡口。很多诗人都留下了诗文，表现在钱塘江岸边等待过江的情形。比如唐代白居易说"夜半樟亭驿，愁人起望乡"，张祜也很哀苦地感叹"树色连秋霭，潮声入夜风。年年此光景，催尽白头翁"。过江确实不是件易事。

时有不良船工漫天要价，使渡江百姓无处讲理。为追求利润，船工往往会超载摆渡，使得船只抗风暴能力降低，渡江时经常出事故。清康熙年间，杭州知府嵇宗孟在银杏埠创建靖浪亭，主要是为了规范渡船工作：限定乘客数量，规定渡钱。为方便行人，亭中夏天供凉茶，冬天施舍粥汤。嵇宗孟还在亭边设置了一间房屋，方便过江者休息，取名为"知止堂"。屋前悬一大钟，遇到风浪就敲钟，不允许渡江。靖浪亭可以说是钱江义渡的前身。

后来，杭州善举联合体重设始建于雍正年间的钱江救生局，由施财局兼管。救生局配备救生船20多只，每当江上发生风潮洪水，救生船就外出巡逻，发现有溺水者即上前施救，还给予溺水者更换的衣服，送其回家并备给路费；如果获浮尸就发告示招认，如无人认领，就交由掩埋局埋葬。

虽然有种种政策，但是过江的百姓很多，渡船依然缺乏有效的管理，仍存在各种隐患。

到了19世纪60年代，杭州商人胡雪岩（名光墉）看到这样的情形，开始独立捐资创办义渡。有一种说法，胡雪岩笃信佛教，把"好义固为人所钦"作为至理名言，认为"有钱不行方便于人，如入宝山空手而回"。当然，义渡之外，胡雪岩也可能是想以此与位于望江门的著名药店叶种德堂进行竞争。经浙江巡抚核准，胡雪岩独资捐银10万两，在南星桥至西兴江面之间首创义渡，免费接送两岸商人、农民和其他居民过江。

义渡的渡船共4条，各长15米、宽4米，方头平底，乘坐舒适感较好，体量也大，方便人货过江。但是船只体形过大，而且全靠人力摇动，非常费力，一遇到大风大浪，就只能"封江停渡"。但在风平浪静的时候，渡船的功用还是很大的。而且百姓摆渡，分文不收，胡雪岩为百姓办了一件大好事。

义渡初创时条件还是很差的。由于钱塘江畔没有像样的船埠，渡轮只能远远地停在江里，再由牛车拉近滩涂。因为江水把大量的沙石带到了岸边，所以江边基本上就是又软又松的沙地，而且有高达半胫的积水。要走上渡轮，需要走过长长的一段沙滩。为了方便行走，在沙滩上铺设了百米长的踏板，但是踏板又窄又长，踏板湿了易失足。一次，一位小脚妇人小心翼翼地在踏板上行走，不想身子一歪，就掉入水中，水下的沙子又松又软，她的双脚插入松软的沙子里就拔不出来，越着急挣扎，人就越向下陷，很快又湿又软的沙泥漫过了她的双膝、腰部，眼看整个人就要没入其中。妇人高声喊叫，踏板上的群众纷纷出主意，大家将系箩筐的绳索解下来接在一起，让妇人拉住绳子，大家一齐用力，才把她拉了出来。

如此危险，如何破局？

1875 年的一天，等待摆渡的老百姓发现了奇怪的一

钱塘江义渡

幕，一个白白胖胖的中国官员与几个洋人出现在钱塘江边，那几位高鼻子、蓝眼睛的洋人指着江边说了一通，说得还挺热闹。大家很好奇，难道洋人也要摆渡？原来，这位白白胖胖的中国官员就是红顶商人胡雪岩，身边的这几位外国专家是来考察钱塘江水利、设想渡江的最好方式的。英国、德国、法国的工程师对钱塘江进行地质勘探，收集了一些地质水文资料，他们给出了几个方案：建堤、建桥、建船。方案并不统一，几位工程师通过讨论，觉得短期方案以火轮渡船更为稳妥，而长期方案是在钱塘江上建桥，并由通晓华语的英国工程师盘爱文负责设计大桥施工图纸并做工程预算。可惜，胡雪岩建造钱塘江大桥的计划最终胎死腹中，否则，钱塘江大桥的建成时间将提前半个多世纪。到1885年胡雪岩去世时，当时的义渡船只已达36条，船工有300余人，规模已经相当大了。胡雪岩虽然后来在生意上受挫，但一直在支持义渡。

胡雪岩死后，义渡该何去何从？

这时，又一位绅商站了出来。他就是在上海担任两浙盐运使，同时又兼任旅沪七邑同乡会常务董事长的俞襄周。俞襄周为什么会在危难之际再举义渡之旗呢？其中还有一段故事。

俞襄周是绍兴人，家境富裕，在杭州也有好几个商号。因为经常往来绍杭，他也是义渡的常客。一天，俞襄周从萧山经西兴渡口到杭州办事。他坐着轿子赶往渡口，路上出了个小插曲：有个轿夫的草鞋底破了个洞，赤裸的脚踩在地上很快受了伤，所以只好一拐一拐地走路，把在轿中闭目养神的俞先生也摇醒了。俞襄周问明了原委，就让轿夫停了轿子，拿出碎银，让其到附近去买双鞋子穿。轿夫找了一圈，也没有找到鞋铺，只好又抬上俞襄周慢慢往前走。

这样耽误了不少工夫，等到了渡口，渡船已经离开岸边。俞襄周只好等下一班渡轮。

等待渡江的人都看着远去的渡轮慢慢划向江心。

这时，天色陡然大变。本来晴朗的天空瞬间飘来浓厚的乌云，风声大作，大雨倾盆。平静的江面立即波涛汹涌，渡轮在江面上打转，顷刻间就被无情的大浪压入水底。这突然出现的一幕让江边的人看得心惊胆战，送别的人眼看着与亲人阴阳相隔，都悲号痛哭，哭喊声裂人心肺。

俞襄周庆幸自己躲过了一劫，同时也被眼前的惨剧惊呆了。冥冥之中，他觉得自己跟义渡有了联系。于是在胡雪岩过世后，他倡议继续接办义渡，旅沪七邑同乡会又筹措一笔资金用于杭州义渡，继续为大众服务。只不过，俞襄周认为必须要改进渡江条件，保障渡轮安全。他用机器拖渡轮，又增设了对开的航船，配备了救生设备与救生船，轮渡的安全性大大增强了。

过江的人络绎不绝，两岸的蔬果、畜禽等商品得到了交流。俞襄周还把自己控股的两家航运公司的船调用过来，支援节日义渡。义渡服务的人越来越多，名气也越来越大。

杭州的名流王竹斋、金润泉、张载阳、蒋抑卮、王芗泉等也加入了资金支援的队伍。有了义渡款，俞襄周又问外商购买了四艘铁壳机轮，取名为"义中号""义正号""义和号""义平号"，钱江义渡自此进入鼎盛时期，"两浙门户、吴越要津"的钱塘江三廊庙畔终于有了近代化的渡轮设施，从浙江上八府过江的浙籍人不必再从望江门入城，而是取道凤山门入城，进城更方便了。

四、著名乡贤惠乡里

丁丙在《乐善录》中记录了各绅商的事迹，其实丁丙本人就是总董中的一位总牵头人。丁丙还写了本书，叫《庚辛泣杭录》，讲的就是太平军与清军在杭州展开拉锯战的情形，让我们来看下庚申年前后丁丙都做了些什么事：

咸丰丁巳（1857），由于战争波及，数万难民涌入杭州。进入杭城的难民纷纷涌至各间寺庙，一时间难民拥挤为患，啼哭声与哀嚎声不绝于耳。当时的官府急于应对战事，救济灾民的事情几乎被搁置。丁丙看到这一情形，马上在城内设粥厂进行救济。

咸丰庚申（1860）初，围绕杭州的拉锯战异常激烈，由苏州等地运来的粮食无法入城，只能经过海盐澉浦一线勉强入杭城。当时城内已断炊，官兵的粮食也快食尽，官府挨家劝捐。农历二月二十七日，太平军攻入杭州。三月初一，丁丙全家离开杭州去松江。

庚申年有两个三月，可惜都处在战火中，三月与闰三月，战事的消息虚虚实实，真真假假。丁丙的哥哥突然听说局势已平静，所以先行雇舟回到家中，一路上拖拖拉拉，用了一个月时间。

庚申年四月，由于金陵大营溃败，苏州至松江一线的外地难民涌入松江有数万之众，丁丙与其他乡绅如郑友梅、王墨侯等，在松江超果寺与西林寺开设粥厂，赈济难民。超果寺在松江西南，西林寺在松江东面，都是松江府有名的寺院。粥厂所用的粮食由王墨侯提供，经费则由丁丙与郑友梅分摊，一共施粥40天。战争期间，不只是饥殍遍地，而且伤病瘟疫流行。丁丙与郑友梅一商量，决定在超果寺设医药局，请了内科与外科医生各一人，每人每天诊治100余位病人。到了五月十五的时候，松江也被裹入战火。丁丙的家人先行雇船于卿河之间，丁丙因为赈粥，稍晚动身。他在秀野桥头与军队相遇，骑着战马的军人向丁丙开了三枪，丁丙侥幸没有中弹。他拼命往前跑，后面的战马也向前追。眼见得越来越近，突然战马一个踉跄，仿佛蹄子受了伤，奔跑的速度立刻减了下来。丁丙就势往庄稼地里扑了进去，猫腰在田里快跑，终于有惊无险地逃过一劫，与家人团聚。

咸丰辛酉（1861），杭州继续成为清军与太平军交战的一个中心。

辛酉年四月，丁丙等为在战乱中丧生者收拾尸骸，并创建崇义祠于吴山之麓。同时，他又在湖墅与城中设粥厂数十个。因为战事，杭州的运粮通道受阻，米价飞涨，施粥厂难以为继，却仍苦苦支撑，最后把稻皮、麦糠都用上了。十二月初一日，杭州再次为太平军控制。丁丙出城至萧山、陶堰一带，又渡江到留下，之后又到绍兴、宁波、上海等地，踪迹不定。

同治癸亥（1863），由苏州等地因战火而送到上海的难童已有七八百人。这些孩子被集中在安徽会馆里，每天仅给五十文的定额，没有床褥，也没有人进行日常生活照料，凄苦之状可想而知。丁丙从朋友处听说了此事，心中很不安。他去看望这些孩子，马上做出了决定。他带走其中的百来个孩子，把他们寄养在亲友家里。余下的孩子，他仔细询问每个孩子的姓名、年龄、家庭住址等，并把消息通过各个渠道向外发布。这样，留守在会馆里的五百多个儿童也被自己的亲人陆续领走。最后剩下的一些孩子，丁丙联系了做船运的朋友，将他们领到宁波安顿。

同治甲子（1864）二月二十四日，左宗棠军队进入杭州。杭州的慈善救助工作全面启动，丁丙是主要执行人。当时，他的主要工作是开办赈抚局，设立难民局、掩埋局、施材局、同善堂，重建崇义祠，开浚城河。其中施材局的一项主要工作就是赶制棺木。这年丁丙33岁。

同治乙丑（1865），丁丙又投身文化工程建设。他监造崇文书院、诂经精舍及正气先觉遗爱祠，受地方官员委托，重铸岳墓铁人，设立正蒙义塾等。战乱时，杭州的断桥也被毁，丁丙在民间集资，重新修建了断桥。之后，战争中受到损坏的古迹，如林逋祠墓、武穆祠、凤林寺、钱王祠等，也在丁丙等的参与下得到修缮。

同治丙寅（1866），丁丙监造敷文书院，重建苏、白二公祠等。

同治丁卯（1867），丁丙创办牛痘局，襄助创办浙江官书局。

同治戊辰（1868）至甲戌（1874），丁丙创办粥厂、栖流所、接婴所等，做了无数善举。

战争期间，丁丙全程都在操劳。其实作为慈善家，他的工作一直没有停止。在丁丙的记录中，有几个细节特别让人感动。一个是说丁丙父亲丁英在世时，浙西水灾，低乡被淹，贫民避城中，困苦万状。丁英马上赶去粥厂，因为事出突然，其他杂用之物一时周转不济，所以丁英夜以继日地准备材料，丁申、丁丙兄弟两个则通宵不寐，监视煮粥。次日清晨，兄弟二人亲自掌勺，为难民施粥。另外一个细节是咸丰三年（1853），丁丙为清理善堂田产，还往富阳、萧山、仁和、钱塘四县清查，又往严州、淳安、遂安收养难民。

真是哪里需要温暖，哪里就有丁丙的身影。

慈善事业是润物无声的事业。当时的善款多为各行业自行捐出，慈善家妥善地运用善款为民谋福。庚申之变以后，杭州经济受到重创，商业利润下滑，行业拖欠善款者比比皆是。作为主要董事的丁丙不仅从自己家产中拿出钱来填补亏空，更周旋于各个行业的商绅之间，维持慈善事业的平稳发展，其工作量之大是不可想象的。

近代杭州，说到"乡贤"二字，头脑中一下子就会想到杭州的绅商。乡贤怎么解？虽然从汉代开始一直都在讲乡贤，但是直到明代才有了官方的定义：生于此地，而有德业学行著于世者，称乡贤。不过这个概念可能还要细化下：第一要生于此地，第二要对乡土有贡献，第三要有德行声望。商界也是各种社会力量角逐的战场，充满了争斗与暗礁。在一个乱世中为民谋福利、做慈善，不是锦上添花，而往往充满悲壮与牺牲。从这个角度看，我们可能对近代杭州的商绅会有更多的了解与敬意。

参考文献

1. ［日］夫马进：《中国善会善堂史研究》，伍跃、杨文信、张学锋译，商务印书馆，2005年。
2. 潘冰心：《晚清"杭州善举联合体"研究》，杭州师范大学硕士学位论文，2013年。
3. 〔清〕唐恒九：《广福庙志》，载《杭州文献集成·武林掌故丛编（一）》，杭州出版社，2014年。

4.俞霭士：《钱江义渡》，载杭州市政协文史委编《杭州文史丛编·教育医卫社会卷》，杭州出版社，2002年。

5.〔清〕丁丙：《庚辛泣杭录》，光绪二十一年（1895），钱塘丁氏刊印。

6.〔清〕陈祖武选：《晚清名儒年谱》，北京图书馆出版社，2006年。

7.〔清〕丁丙、丁立中：《乐善录》，载周膺、吴晶主编《杭州丁氏家族史料》第三卷，当代中国出版社，2016年。

搜集残编护《四库》
——丁氏昆仲铸传奇

光绪七年（1881），在浙江文化史上是特殊的一年。这一年，文澜阁重建完毕，残编文澜阁本《四库全书》入藏。这一时间，距乾隆年间的《四库全书》修成、钦建文澜阁已有百年。

乾隆是个好大喜功的皇帝，特别喜欢夸耀自己的文治武功。在位期间，他花了七年时间在全国征书搜书，又组织360多位高官、学者对图书进行整理、校订，历时数年，终于编成《钦定四库全书》。修成的《四库全书》共有36000余册，约8亿字，是一项了不起的文化工程。编写完成后，乾隆还先后选拔了3826人担任抄写工作，直到乾隆五十二年（1787），终于抄完了七部《四库全书》。先抄好的四部，分放在乾隆常去的几个地方，分别是紫禁城文渊阁、沈阳文溯阁、圆明园文源阁和承德文津阁，这就是所谓的"北四阁"。乾隆还考虑到自己要经常南巡，同时江南文化之盛，所以又把后抄好的三部，分贮扬州文汇阁、镇江文宗阁和杭州文澜阁，这就是所谓的"南三阁"。

文澜阁是由收藏《古今图书集成》的藏书阁改建而成的，位于现在的西泠桥东侧，楼外楼的旁边。它的好处在于不只是皇帝可以御览，而且也对普通知识分子开放，可以说是早期公共图书馆：设档登记，供观传写。对江南学人来说，确是一件好事。

百年时间，只不过是历史中的一瞬，但是对文澜阁本《四库全书》来说，却是浴火重生，劫后复活。因为文澜阁毁于战火，巨制《四库全书》散落民间，毁失十之八九。访求并搜购、补抄《四库全书》，多赖丁申、丁丙兄弟之力，丁氏兄弟于文物之维护保存，功不可没。

一、八千卷楼主人的商业发家史

俗话说"家大业大"，俗话又说"大树底下好乘凉"，这两句话用在丁氏兄弟身上完全正确。

丁氏家族原籍山东，转而至绍兴落户。到他们的五世祖丁天相时，正是朝代更迭之际。丁天相在杭州行商，丁天相的继室夫人在绍兴老家。因清兵南下，时局混乱，当地土贼到老家劫掠，继室夫人不愿受辱而投水自尽，但是她投水后并没有死，土贼追上后，她"三溺而毙"。看到这几个字，可以想象当时的情况有多惨烈。她死在暑日，但是尸身却能几天不腐，后来地方志中将其列为"烈女"，她更是儿辈心目中可敬的祖先。

丁天相回乡奔丧之后，悲痛万分，从此不愿再回伤心之地，于是定居杭州。由五世祖以下，杭派丁氏枝繁叶茂，且世代都有候补官员。据《丁氏宗谱》载，丁丙一脉世系如下：

　　五世　丁天相，候选州同知，封六品承德郎
　　六世　丁兆晋，候选州同知，封六品承德郎
　　七世　丁可道，封八品修职郎

八世　丁大容，恩赏正八品衔，敕授六品承德郎

　　九世　丁轼，诰封中宪大夫

　　十世　丁国典，候选布政司理问，授四品中宪大夫

　　十一世　丁英，候选府同知，加道员衔，授四品中宪大夫

　　十二世　丁申，五品衔候选主事，诰授中宪大夫；丁丙，江苏补用知县，同知衔

　　清代的候选同知是个什么官？

　　在清代，自阁员以下官吏，如果足够有钱，就能够捐个官职，称为候选。同知，就是知府的副职，为正五品官员。捐官之风历朝历代都有，多因筹饷、赈灾、备边或兴建工程等所需，朝廷以授予官爵取得捐款，称为"捐纳"。清代的捐官则有点登峰造极，地方官职最高可以到道台，即管辖府、州的高级行政长官，而且明码标价，要16400两；知府（知州），要13300两；县长，9600两；等等。13300两是什么概念？当时一个知府的年俸银为105两，捐个同知差不多是127个知府的岁俸银。可见丁家的家境是非常好的。不止丁家，当时的江南豪富之家，把捐官当成一种时尚。"南浔四象"中庞云鏳的儿子庞元济屡试不中，庞云鏳就以庞元济的名义向清廷献银10万两，慈禧太后特赏庞元济为举人，补博士弟子，并例授刑部江西司郎中，特赏四品京堂，从一介布衣成了官员。

　　丁家以商发家，但传统观念中，商不如士，士不如仕，所以丁丙在回忆他的老爹时，只是很小心翼翼地说老爹锐意经营，上南落北，也就是说走南闯北，生意肯定是不小，但具体做什么，不说，反而唠叨老爹如何爱好文化，如何做个藏书家。

藏书之举，丁氏是有传统的。藏书源头可以一直追溯到北宋先祖丁顗。丁顗曾藏书八千卷，还留下了一句话："吾聚书多矣，必有能读书者为吾子孙。"意思是我藏书是为了子孙后代中的爱好读书者。自丁丙祖父丁国典开始，收书渐丰，已经在杭州梅东里兴筑八千卷楼，作为藏书之所，丁氏聚书有了很大的规模。丁丙后来写了本小册子，详细描述了丁家别墅，其中藏书、曝书、观书的场所就有不少，但是虽然建筑不少，却不奢华，值钱的全是书。

如果说从丁天相这一代开始，丁氏家族已开始从财

〔清〕顾沄《八千卷楼藏书图》

通益公纱厂旧影

主转变成商人,那么到了丁丙这一代,已成功地从传统商人转向有近代意识的商人。这一转向体现在丁丙能够跨界地运用与开发社会资源。比如,他能够综合利用政府或官绅的权力资源、商绅和商会的经济资源、学绅或文人学者的文化资源、城市工商业者的公众资源以及地方文化遗产资源,十分成功地开创实业、藏书和慈善三大事业,这体现在战后杭州的社会秩序基本得到恢复。

近代意识还体现在丁丙济世经邦的眼光与胆识之中。光绪二十年(1894),清政府在甲午战争中惨败,国人深刻认识到中外实业的差距,"实业救国"思潮由此兴起。为了让中国丝绸业赶上国际品质,丁丙与南浔富商庞元济紧密合作了一把,在光绪二十一年(1895)至光绪二十二年(1896)间创办了三家近代民族工业的工厂:杭州世经缫丝厂、杭州通益公纱厂和杭州大纶缫丝厂。其中世经缫丝厂创办于光绪二十一年。当时缫丝厂还自备发电机发电,供厂内照明,首开浙江省用电之先河。

杭州通益公纱厂始建于光绪二十二年（一说始创于光绪十五年），采用的是股份制方式，除了庞元济与丁丙，还有杭商王震元同为股东。杭州大纶缫丝厂是丁丙与庞元济于光绪二十二年合资在塘栖镇东创办的。这个工厂建立之后，出现了一道奇特的社会景观：裹着小脚的农村妇女出入工厂，转型为"工人"。

总之，中国丝绸产品品质在当时得到提升，进入到国际市场，丁氏家族是出了大力的。

二、战火中抢救《四库全书》

上面说的是丁丙在商业上的作为，下面主要讲的是他在文化上的功劳。

要谈这一点，必须要谈到丁丙的兄长丁申。丁中与丁丙，号称"双丁"。兄长丁申生于道光九年（1829），卒于光绪十三年（1887）；弟丁丙，生于道光十二年（1832），卒于光绪二十五年（1899）。看看这年份，就知道两兄弟所处的世道并不太平。

道光年间，英国人已经在广州十三行开展贸易。因为中国是贸易顺差国，为了多赚白银，英国人携带鸦片私自入境，使得中国的大量白银外流。到了道光九年，外流白银已达数百万两之多。清政府眼见白银外流，非常着急，便严令英商船只准易货，不准易银。英国商人也急了，商团一路北上讲贸易道理，先后驶到福建、江苏、浙江、山东等地，并刊刻《华英通商事略》，要求清政府另易口岸，但清政府过于自大，哪里把这海外番国看在眼里，坚决不肯退让。清政府与英商之间的摩擦，为十几年后鸦片战争埋下了伏笔。

接下来，丁氏兄弟经历的就是第一次鸦片战争、第二次鸦片战争、洋务运动、太平天国运动等事件。看丁氏兄弟所经历的社会变动，简直就是从一个侧面又温习了一次中国近代史。

尤其是始于道光三十年十二月（1851年1月）的太平天国运动，席卷了半个中国，江浙一带也不可避免地被卷入战火之中。

太平军一共两次攻陷杭州。

第一次是咸丰庚申年（1860）。经过天京保卫战的太平天国逐渐由盛转衰，清政府设立的江南大营与江北大营死死围困住天京。青年将领、忠王李秀成率兵攻打杭州，希望以围魏救赵之法解天京之围。

庚申年一开年，太平军就逼近杭州。从二月初开始，太平军由湖州、安吉，一直攻入孝丰、武康、良渚、大关、武林门，短短半个月就兵临杭州城下。杭州城内八旗兵士战斗力极差，而且军事组织内部不合，防御力量极弱。太平军攻打了不到一个月，二月二十七日便攻占了杭州，后在三月初撤走。丁丙在杭州从事帮助因战乱产生的流民等慈善活动。

公元1861年夏，太平军第二次攻打杭州，十一月二十八日从凤山、候潮、望江、清波诸门同时攻入杭州。

公元1862年正月，杭州的市场稍微安定，民生也在逐渐恢复。丁家的商业基因此时又发挥了作用。战乱中，丁丙与家人走散后，到达陶堰，才知道兄长已到达留下，他马上赶到留下与兄长会合。两人在留下设立米行，丁丙从上海买米在杭州出售，生意红火。凭借米市，其他行业也渐次兴起，不出十日，留下的市场居然颇见规模。这天，丁申看到市场上包裹货物食品的包装纸上有墨迹，仔细辨识，才发现这是《四库全书》的书页。他大惊失色，赶紧问货主：这纸是从哪来的？摊贩说：这纸多得是。原来，战火中，文澜阁被毁，《四库全书》流散于民间，有的被人直接拿去引火，有的沿路丢失，没有人管。

路人说："您老仔细看看，那路上飘着的，不就是这些字纸吗？"

文化典籍遭此大劫，兄弟两人又悲又急。

这天晚上，他们就召集了几个大胆的民众，连夜赶到文澜阁一带，抢救书籍。只见阁倒书燃，残本散页混杂在灰烬之中，星星点点还燃着光焰。丁申马上叫大家收拾，沿路捡拾字纸。只要有字的，就藏到西溪的旧宅里去。正所谓聚沙成塔，他们慢慢地将《四库全书》的残页整理起来。但是就靠这样捡拾，总不能收尽《四库全书》残书。丁氏兄弟决定还是要搜购《四库全书》残书。这时，丁氏兄弟已离开杭州到了上海，正好与杭州书商周汇西相遇。周汇西正要回杭州去办理家人后事，丁丙就与周汇西商量，请他回杭代为出钱购买残书。

周汇西说："此事难。民众多不识字，不爱惜书籍，怎么会来卖书？"

丁丙说："利益二字当头，估计没人会无动于衷。本来只是取暖，现在能够换钱，肯定是取其利大者。而且杭州有敬惜字纸的风俗，并视为善举，估计会乐于相助的。周兄回去，动作要快，价格要高，趁书还没有被散尽，赶紧收书。"

周汇西同意了。

回到杭州后,周汇西便开始高价收书。民众看字纸能卖钱,连忙灭火捡书,而且主动征集散页,连同残本一捆捆运来。两尺集为一捆,共收了800多捆,有几万斤。周汇西简单整理后,就陆续送到上海。丁氏兄弟检点书籍,发现运来的残书中,不只有《四库全书》残本,还有自己家中收藏的典籍,上面的押印朱红未褪,一时之间,有失而复得的喜悦,也有阴阳两隔的凄凉。清点之下发现,《四库全书》原书36000余册,他们只找到了9000多册。

访求并搜购、补抄《四库全书》,成了丁氏兄弟后半生的主业。

三、《书库抱残图》

长达十多年的战事终于平息,生活看上去已经恢复平静,只是不能再回到从前。

那座美丽的文澜阁已经被战火烧毁,将《四库全书》残书运回杭州提上了议事日程。在反复磋商后,同治三年(1864),丁氏兄弟将陆续收购到的约万册残书运回杭城,暂时安放在杭州府学尊经阁内。之后,丁氏兄弟一方面继续寻访散佚的库书,另一方面致力于战后文化古迹的修复。

光绪六年(1880),浙江巡抚谭锺麟提出重建文澜阁,由杭州人邹在寅和丁丙具体操办,文澜阁于光绪七年(1881)落成。谭锺麟立即上书,请朝廷颁发匾额等,并为搜求遗书的丁氏兄弟请功。朝廷知道后,即让丁氏兄弟继续负责搜集散佚的文澜阁《四库全书》,抄补缺失部分。

为了补抄文澜阁《四库全书》，丁氏兄弟极力搜访残籍，出其家藏图书，又抄"天一阁""抱经楼""振绮堂""寿松堂"等藏家之书。两个殷实的富商，没有一点富人的样子，吃得差，穿得差，奔波于书肆及断垣残砾之中，"弃车服之荣，乐琅嬛之业，恶衣恶食，朝访夕求"，历时约七年之久，访得图书3000余种。借得好版本后，兄弟俩才像个财主一样花钱：高薪雇佣好抄手。据王同《文澜阁补书记》载，共抄补残缺者891种，全书补抄者2174种。至光绪十四年（1888），文澜阁《四库全书》这一人间至宝得以复存于天壤之间。

《四库全书》在原编辑过程中曾将一些对朝廷不利的文字进行删改，或有意将某些书籍排除在外，还有部分漏收，丁氏兄弟借机予以补救。由于文澜阁的书籍是从各版本中拼凑起来的，所以它反而呈现出许多文献的原始面目，把朝廷删改的部分又"折腾"回去了。从这个意义上讲，丁氏兄弟补抄的文澜阁《四库全书》的价值

〔清〕吴滔《书库抱残图》

更高。

此次补抄加上原书，文澜阁《四库全书》已有34000余册，但尚缺1000余册。民国初期又补抄了两次，并对丁氏抄本进行重校，补齐缺页，文澜阁《四库全书》基本上得以恢复旧观。

与此举相配的，有三幅《书库抱残图》面世。

同治三年（1864），丁氏兄弟在上海遇到了陆光祺。陆光祺，字寿维，曾是杭州文澜阁主事，同时也是一位画家。兄弟俩请陆光祺整理书籍，同时也请他作画纪念。陆光祺便绘制了一幅《书库抱残图》。这幅画追忆了文澜阁从前的场景：画面上，馆阁房舍俨然，树木繁茂，是一个清静的去处。陆光祺写了个跋，大致意思是咸丰庚申，文澜阁幸免于兵燹，而辛酉年却遭蹂躏，书籍化为云烟，丁氏兄弟收拾余烬，也不过十分之二，"守缺

抱残,非有心人,其能冒险担此邪"?同治六年(1867),莫友芝作篆书"书库抱残图"于卷首。

由于丁氏兄弟搜集、重补《四库全书》的意义重大,所以另外又有两幅《书库抱残图》面世以作纪念。

第二幅图是杨晋藩所绘,描绘的是光绪年间重建文澜阁的情景。图中所绘水木明瑟、亭榭轩敞处即为重建之文澜阁。左宗棠还为此画亲笔题写了"书库抱残图"几个字。浙江巡抚谭锺麟有文盛赞丁氏兄弟的义举以及抢救《四库全书》的意义。

第三幅图由吴滔绘于光绪七年(1881),沈景修题行书"书库抱残图",并有何兆瀛、缪荃孙等的题咏。此图所绘的是已建成的文澜阁,画中有运书人物出现。文澜阁《四库全书》恢复十之七八,丁氏兄弟也因此获光绪帝颁旨表彰,以褒奖其"购求藏弆,渐复旧观,洵足嘉惠艺林"之举。

丁氏兄弟这项拯救文化的义举,泽被后人,正如谭锺麟在奏折中说的:丁申"苦心孤诣,实所难能","丁丙……凡武林掌故多赖辑存,湖上兴筑多赖赞成,固大有功于西湖者"。

后来丁丙刻了一枚藏书印"书库抱残生",即得名于图题。丁丙的感慨,不只让人唏嘘,也让人反思。

四、丁氏昆季热衷刊刻

与丁氏兄弟抢救《四库全书》同样具有重要意义的,是兄弟两人对地方文献的辑录与刊刻。

丁氏兄弟爱书，家中藏书非常丰富。战火结束之后，在抢救《四库全书》的过程中，兄弟两人发现善本的重要意义，于是根本顾不上华衣美食，把家资拿出来用于购买善本。而且自家藏书也散失许多，他们也想努力恢复旧观。

光绪十四年（1888），丁申去世后一年，丁丙开始重新修建丁氏私家藏书楼，地基选在丁丙所居正修堂的西北隅。藏书楼占地二亩余，筑书楼五楹，堂之上称为八千卷楼，所收为《四库总目》已著录之书；堂之后室五楹，上为后八千卷楼，专藏《四库全书》未收之书；再后西边又有一楼，有三楹，称为小八千卷楼，专门收藏善本书籍，其中所藏宋元刊本200余种，明刊本中的精品、旧钞中的佳本及稿本、名人校本等共2000余种。总藏书室名"嘉惠堂"。这样算来，丁家藏书近20万卷，其中善本珍藏2000余种，杭州丁氏八千卷楼也被列为晚清四大藏书楼之一。

丁丙又在书楼周围遍植林木，在楼上俯仰四顾，则可见"紫阳环其前，皋亭山倚其后，钱塘江与西湖映带左右，规模宏畅，气象崇隆，观者莫不叹羡"。

在丁申、丁丙这一代，以家中的八千卷楼藏书为底本，推动出版印刷业的发展，丁家也成为当时中国最大的民间出版机构之一。"嘉惠堂"既是藏书室，也是著名书局，从光绪九年（1883）起，嘉惠堂刊印《武林掌故丛编》26集，将存世的杭州掌故典籍多数包罗列入，另外还有《武林往哲遗著》前编50种、后编10种等地方文献。

这些文献的整理出版，使杭州成为中国地方文献保存最为完整系统的城市之一。

"嘉惠堂藏阅书"印

五、续接传奇的丁氏昆季

还值得一提的是,在文化史上,另一对丁氏昆季也非常出彩。

兄长叫丁辅之(1879—1949),弟弟叫丁三在(1880—1917),一名三厄,字善之。兄弟俩是丁申的孙子。

说起丁辅之,还是杭州西泠印社的发起人之一。清光绪三十年(1904),不少青年才俊远渡重洋,学习近代科技知识,另一批年轻人则有志于弘扬和发展国粹。年轻才俊王福庵、丁辅之、叶为铭、吴隐相聚西湖,研讨印学。他们结社于孤山南麓西泠桥畔,"人以印集,社以地名",取名"西泠印社"。后来西泠印社成为海内外研究金石篆刻历史最悠久、成就最高、影响最广的学术团体。而丁氏兄弟创制的聚珍活字,则丰富了中国本土活字体的研发,提升了中国活字的生命力。

光绪三十三年(1907),丁氏家族开设的银行出现亏空，要用家产偿还亏空。祖传的八千卷楼藏品为南京的缪荃孙全部收走。缪荃孙不仅看重丁家藏书，也非常看重丁三在，竭力邀请其去南京管理图书。丁三在精于版本目录学，审视眼光非常独到，这使得丁氏家族在刻书业上成就依然突出。1910年江宁举办"南洋劝业会"，丁三在任浙江出品协会主事，丁氏家族刊刻的善本书籍获得极高荣誉。

辛亥之后，丁三在回到杭州，设立了杭州图书局，经营刻书印刷业务。在为其父丁立诚出版《小槐簃吟稿》时，丁氏兄弟起初想用宋体铅字排印，但嫌其太呆板，

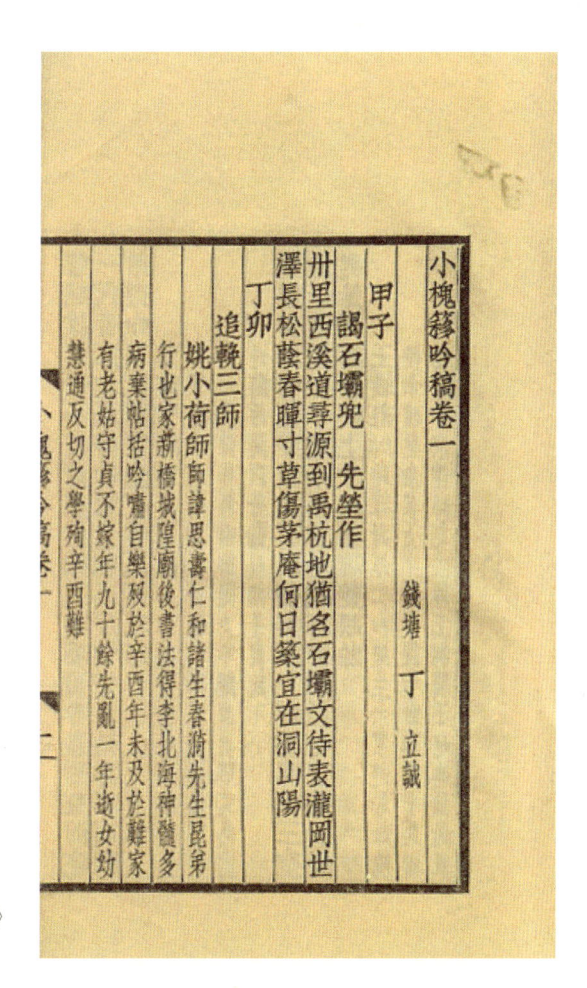

《小槐簃吟稿》书影

于是就想到自创一体。他们以宋版书中的瘦细体为基础重新设计，命名为"聚珍仿宋"。为什么叫聚珍仿宋版呢？因为清乾隆修《四库全书》时想把其中的精品著作刊刻出来，任《四库全书》副总裁的金简就建议用枣木活字印刷，乾隆皇帝嫌活字不雅，就将活字改名为"聚珍版"，所以之后的活字就都叫"聚珍字"了。

当时的中文活字，多由日本传来，且一改梨木字模为金属字模。丁氏兄弟一开始用黄杨木做坯，直接刻字，但是这样成本太高，后来决定采用新型造字之法，以铜易木，做模子铸铅字。兄弟俩找好字体之后，聘请了当时上海很有名的刻工徐锡祥、朱义葆，铸造了一套范字。丁三在特地创作了《考工八咏》来记录整个过程。丁三在不愧是诗人出身，《考工八咏》文采飞扬，把整个铸字过程描绘得活灵活现。

1916年，"聚珍仿宋体"的一副铅字铸成，但是家道中落，没有钱了，不能深入开发其他字号。不过丁氏兄弟确实有商业头脑，头脑风暴之后，他们决定公开招商。他们首先成立了一家股份公司，取名为聚珍仿宋印书局，公司一面从事代客印简帖、名片业务，一面继续招股增资，继续开发二、三号方体与二号长体。也许大家要纳闷了，字体开发工程怎么花费这么大？在铅印时代，每个版面都需由字模组字而成，字的横竖对比也不像现在自由拖曳形成，需要一个个定型，所以花费极大。

为了招商，丁辅之自己开发了一个聚珍仿宋印书局商标。这个商标中间为一个"宋"字，"宋"字的外圈顺出两条鱼尾，这是中国古籍上的常见图案。商标上的字体，就是兄弟两人开发的聚珍字体。

丁申与丁丙昆仲，与"四库"结缘，竭力守护"四

聚珍仿宋印书局商标

库",开发"四库"资源;丁辅之与丁三在昆季又从"四库"中获得灵感,进行字体开发。丁氏家族对中华文化传承有卓越贡献。

参考文献

1.〔清〕袁树珊:《四库存目子平汇刊》之8《重校绘图袁氏命谱》,华龄出版社,2015年。

2.顾志兴:《文澜阁四库全书史》,杭州出版社,2018年。

3.梅重:《西湖名人》,杭州出版社,2007年。

4.顾志兴:《杭州印刷出版史》,中国社会科学出版社,2014年。

5.周膺、吴晶:《杭州丁氏家族史料》第一卷,当代中国出版社,2016年。

第二章

敢为人先

古杭商道 HANG ZHOU

漫长的封建社会，多数人的思维是保守的、滞缓的，但是经商却需要头脑灵敏、思维活跃。总体来说，杭州总是能够抓住重商的时机，杭州商贸也总能开天下之先，率先进行商业变革，敢为人先也就成为杭州商业精神的一个注脚。

本章只是选择几个侧面加以说明。

南宋杭州出现了商业经纪人（牙人）。这支队伍涉及面广，在商品贸易与社会生活中起到重要作用。宋代《牙保法》的制定，标志着针对居间行为形成了较为完善的法律制度。

发生在南宋时的纸币发行改革具有鲜明的创新意识。结合国家金融，进行币制的改革，杭州是首试点。

杭州的外贸历史很长。尤其在南宋，得益于重商主义的政策，外贸取得了辉煌的成绩。杭州商人谢国明，在日本建立贸易基地，成为中国商人的商业首领，并在中日文化交流中起到重要作用。

千年助商说牙人
——商业经纪人身影

牙人,凭一张利嘴拉生意,凭提供信息做买卖。用现代的法律术语来说,相当于居间人,协调交易双方的意义达成约定。说明白点,现在你请房产中介介绍买房,房产中介的作用就是牙人。这个行当,很早就有了,但在很长一段时间里没有受到重视。为什么?因为在直接贸易中,双方可以跳过中介。试想同个村子的两人要买卖个物件,还需要中间人吗?低头不见抬头见,中介可以忽略。

但有的时候就必须要用牙人,特别是买卖双方信息沟通不畅或信息不对称的时候。前者,比如边境互市,就不能缺少翻译兼中介。唐代的安禄山最开始就是一个牙人,他精通少数民族语言,又通晓边关事宜,大唐的边境贸易,怎么能少得了这样的人物呢?后者呢,就要说到宋代了。在宋代,牙人可是个令人羡慕的高收入职业,因为商品经济兴起,各行各业的专业知识更加细化,行业间的壁垒反而增加了。宋神宗元丰六年(1083)《牙保法》正式颁布实施,意味着牙人正式登场。在宋代要成为正式的牙人,还得有专门的执照,称为"牙人付身牌"。这个执照不是一申请就能得到的,一是得有一定的经济实力,还要有人作保;第二个是自己的身体状况要好,老年人、有病的人是不允许进入这个行当的。"牙人付身牌"有明确的说明，规定牙人的活动区域以及职业范围。牙人在交易前要先出示这块牌子。如果要成立牙人事务所，需要有两三个执照，且牙人之间有互相监督的义务。

虽然都为牙人，但是也分官府牙人与民间牙人。在官府主导的如茶、丝等大宗贸易中起到控制、监管作用的是官府牙人，而在民间活动的就是民间牙人。宋代政府要掌握行业信息、规范行业交易，就要录用精通业务的监管人员。这样一来，一部分牙人从个体户变成了"公务员"，成为政府市场管理系统的公职人员。除了有正式编制的官牙之外，还有大量注册牙人也会被临时调用进入政府商业管理机构中。不过临安（今杭州）市场上，民间牙人比较活跃，几乎涵盖了当时人们吃穿住行的各个方面，比如米牙、茶牙、绳牙、马牙、庄宅牙人、牛马牙人、贩香牙人等。

一、保工荐妾，我们是专业的

南宋时杭州的牙人行，遍及各行各业，从某个角度讲，他们也是这一行业的猎头。比如商铺要请个经理，就要找这行里的牙人去物色职业经理。还有重要一点的职位，比如官衙缺个衙役，或者大户人家找个管家，或者药铺少个坐堂大夫，都要出动牙人专门寻找。这些牙人不仅要懂业内行情，还要对介绍对象负有连带责任。

南宋临安的市场上，还有一类活跃的女性牙人，称"牙婆""牙嫂""女侩""牙媪"等。她们的经营范围更大了，职能相当于现在的婚介所、家政公司等。但主要目标对象是女性，比如要纳个小妾、引入个舞女、雇个厨娘，或者添个针线女、粗使婢女等，就要让女牙人从"人才库"里挑选合适的对象，对方认可之后，由牙行见证办理买卖手续。

为了提高服务质量，提升客户满意度，牙行还有"听悔"的业内惯例，即允许买主在一定期限内反悔，并可以准许买主无条件"退货"。《夷坚丙志》卷二的"罗赤脚"讲了这么个故事。说南宋绍兴年间有个叫王志行的人，通过牙婆买了一个小妾，"姿貌甚丽"，但是被他的好友罗赤脚看出此女有妖气。罗赤脚用烟熏出了小妾的骷髅原形，然后又用奇术将其变回人形。王志行一看，自己的小妾居然是妖，当然不乐意，马上找到牙婆，要求"退货"。牙婆坚守职业道德，很痛快地把女孩子留下，还退回了王志行的本金。故事虽然荒诞，但是也反映出当时的牙人还是有一定职业操守的，与私下贩卖人口的人口贩子不同。

但是女性抛头露面毕竟还是为当时的社会所不容，特别是文人对女牙人比较反感。宋末元初诗人陈普在《古田女》中写道："插花作牙侩，城市称雄霸。梳头半列肆，笑语皆机诈。新奇弄浓妆，会合持物价。愚夫与庸奴，低头受凌跨。"把这类女性说得很不堪，很像妓女与街霸的合体，对她们有执照的事实视而不见。

二、买卖田宅有风险

在当代影视剧里，反映过去索债的情形，往往表现为索债一方将欠债方手里的田契夺过去，债务就算了结了。这在现实生活中是不太可能的，因为田宅是百姓财产的大宗，所以在涉及田宅交易时，双方都很敏感。而且买卖田宅是个复杂的工程，需要专业人士加入。这时就需要田产或房产牙人闪亮登场了。

买卖田宅有套路，只有熟悉业务的牙人才能应对自如。

镜头切到南宋临安城中。这一天,房产牙人陈思聪很郁闷。

听上去是件挺简单的房产交易,临安人王益之要把自己的房屋与地基典卖给另一个临安人舒元琇。王益之刚死了老父,把祖产卖了换现,这也很正常。

况且陈思聪很专业。

首先,他要卖主提供"阄书石占基簿"。所谓"阄书",就是记载分家时个人所得到财产的记录。所谓"石占基簿",类似于房产证,上面标有田地的四至、数量、形状等,也就是俗称的"鱼鳞图"。牙人一方面要看看卖主是否拥有完全的产权,另一方面也要考察田宅有无典当的情况。作为牙人,最重要的是要防止"一物两当"的重叠交易行为。

陈思聪认真查验了文件,没有问题。

他赶紧做文书,填资料。

陈思聪挺满意。签约活动就在王益之要出售的房子里进行。只要买卖双方都签字了,这个买卖就算做成了,中介费也就可以到手了。

谁知道双方刚刚签好字,门外闯进来一个男人。只见他头发乱蓬蓬的,可能跑得太急,衣衫不整。这位主叫徐克俭。他一边往里走,一边晃着一张纸大叫着:"不能卖!不能卖!"

陈思聪心里咯噔一下。

原来徐克俭手里也拿着一张契约。

陈思聪一看，是王益之父亲的字条，写的也是卖房事宜。陈思聪暗暗叫苦，怎么忘了老父亲这一茬了？

王氏父子同时拥有房产的所有权，徐克俭这张契约同样有效。

这样，一处房屋、地基同时卖给了两个人——徐克俭与舒元琇，属于典型的一屋两卖。

徐克俭看着不修边幅，为人却不粗糙，执意把事情闹上了公堂。

经过调查取证，证明案件的事实为："舒元琇"是另一涉事者王规的化名。王益之欠王规酒米钱一百贯，利翻利翻到了三百余贯，王益之还不起，王规就逼王益之典房。王益之就只好卖房抵钱。

案件最后是这样判的：王益之将田宅典卖给舒元琇无效，田宅典卖给徐克俭。

法律规定，重复典卖田宅杖一百，牙人知情，故与卖主同罪，所以陈思聪也被杖打一百。

陈思聪早上兴高采烈地出门做生意，傍晚却被同伴抬着回家，屁股上结结实实挨了顿板子。这还是行刑的老高算半个熟人给留了手，高高举板，轻落屁股，否则后半辈子还得落个残疾。

这说明做田产或房产牙人一定要守规矩，并要考虑周全。

其实，买卖田宅很复杂。

查完田宅所有权进行典卖，还有一套程序，就是要分出典卖的次序来，保证田宅买卖"先亲后邻"。意思说是，要卖田宅，先要把卖主的七大姑八大姨的亲戚弄清楚了，挨个问个遍，以免漏了亲戚圈内的田宅所有人。亲戚们与田宅的关系搞清楚了，明确不要了，再问邻居们要不要。邻居不要，就可以挂牌卖了。卖的时候，亲戚与邻居还可以出价，但是田宅得卖给出价高的那个主。这一过程中，牙人也有风险，如果牙人与卖主合起伙来虚抬价格，也会获罪。

临安城里有个牙人叫陈小三，接了个典卖房产的活儿。卖房的叫阿冯，是徐二的继室。徐二刚死，而徐二的太太早亡，只留下一个女儿。陈小三的活儿是一个叫陈元七的人介绍的。陈元七又对阿冯有点想法，就怂恿阿冯卖房。

陈小三被陈元七一搞掂，也就帮忙出具了出售文书。

天底下没有不透风的墙，这一出文书，就马上被徐二的亲妹妹知道了。

一阵风似的，徐二的亲妹妹就跑去见了官，手里还拿了份证据，就是徐二亲笔写的遗嘱，遗嘱还是公证过的呢。遗嘱中说得明白，徐二将房屋、园池留给妹妹和女儿，并要求两人供养阿冯到老。

官家一见就判卖房合同无效，阿冯、陈元七与牙人陈小三各杖一百。

陈小三在堂上叫屈，说："你自己做了公证，我不知道啊！"

主持官司的叫翁浩堂，他说："陈小三你得好好学习律法了。按照我朝律法，寡妇没有子孙的，应该让夫家族里出面处置房产，寡妇阿冯是没有房产所有权的。你身为一个专职人员，法律条文都没有读清就给人卖房子。打一百杖真不算重呢！"

你看做牙人却不懂程序，结果多严重。

田宅买卖关系太重大了，不能保证每个牙人都有那么高的法律素质。一纸文书，用错一个字，点错一个号，

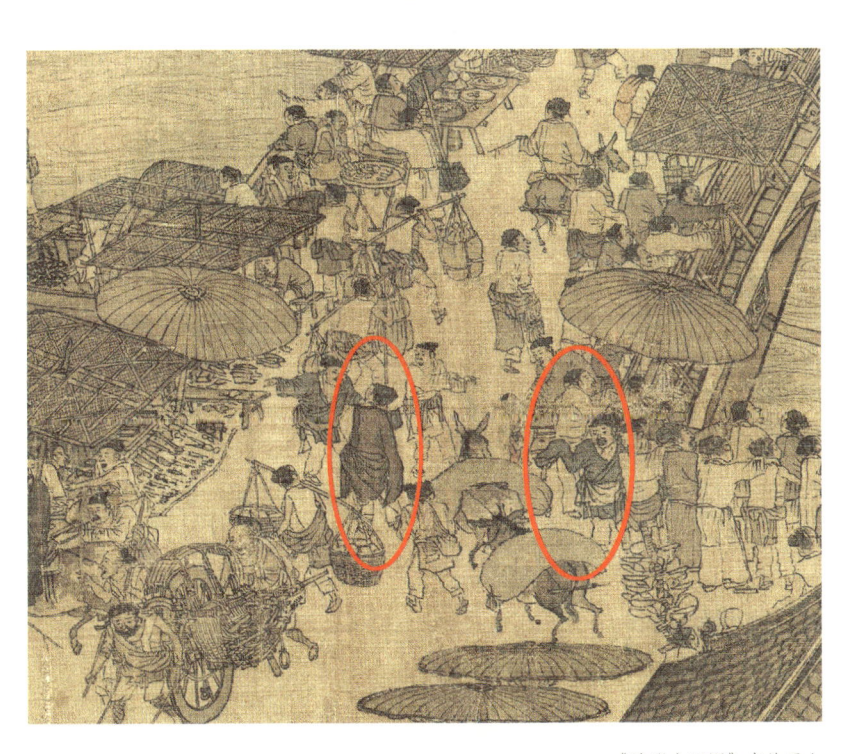

《清明上河图》中的牙人

意思也许就相差很多，更何况还有那么多需要注意的细节。所以有个叫赵孚的官员，建议官府出一个格式合同，叫"官契"或者"正契"，与民间私下起草的"草契"区分开来。在操作时，可以先谈条件，起草一个"草契"，谈妥了到官府衙门去买一个"正契"，一条条填好，买卖双方都签好字后，由牙人将合同交到官府盖章纳税并存档。

这一流程，就跟现在的房产交易相差不大了。

你看，这一趟流程下来，牙人是合同签订的见证人、协调人，也是执行合同的监督人。

三、牙人的双重身份

《梦粱录》里提到过一个群体叫"涉儿"，说这些人穿墙过户、奉迎主家、招揽生意。这些人做什么行当最合适呢？当然是从事服务业，比如插花业、挂画业等，都是轻松的服务行业。同时这些行当还比较高雅，既能见到主家，又能让主家高视一头。这样给主家跑跑腿，搭搭桥，挣点外快也是好的。但这是层次比较低的牙人，没有个正经办公的场所。于是乎临安的茶楼饭馆就成了这些牙人的临时办公室，一顿酒饭的工夫，就能把买卖说成。

因为牙人是把信息转换为生产力的，所以他们掌握的行业信息要比一般的供货商多。为了达成目的，这些人需要眼观六路、耳听八方。

而真正有潜质的是那些有主业、把牙行当副业的人，他们的身份有时也跟酒店主人、仓库主人等重合。

比如说塌房主人。

塌房，就是有偿寄存商旅货物的场所，塌房主人往往就是牙人。南宋时经济发达，为了经营便利，塌房可以一直造到码头边上去。杭州的行业分工也很细，城市各区域都有主业，米行、茶行等分散在各个区域，各个行业也都有自己的牙行。比如湖州米市，就有米市的牙行。这样就形成了米商—米牙人—米铺之间的利益关系。

当时的情况往往是：米商一下货到塌房，塌房主人，也就是米牙人，早已为米商找到了下家（即米铺），米牙人也早已为两家谈好了价格。基本上米商与米铺不用见面，就可以做成买卖了。接下来要做的就是米铺按约定交米钱，米牙人交钱给米商的事了。不过能在这么好的地段造塌房的绝非一般百姓，一定是有后台、有背景的。

邸店老板也是不错的身份。客商携带资本贩货，总要选择邸店住下，邸店老板打听本地消息比外地生人容易，他就成了客商了解商情的渠道。往往客商在对邸店老板有了信任之后，也愿意托付生意。这样的店，也就

富义仓

成了牙店。明代"三言二拍"中的不少故事发生在运河两岸，因为在江南沿河乡镇，牙人很活跃，邸店就像个情报中转站。

明代商人有本宝典，叫《士商类要》，就像小学生的《新华字典》一样，商人必备必翻，里面就写了"买货无牙，称轻物假；卖货无牙，银伪价盲"，就是说做生意绝不能少了牙人。书中还写了"卸船不可无埠头，车马不可无脚头。船无埠头，小人乘奸为盗；车无脚头，脚子弃货中途"，意思是商人想要安全出行，叫个车最好也要通过脚头叫，不要私下叫，可以留个船脚信息，万一出点事还有迹可循。可见，行商过程的点点滴滴，都离不开各类中介。

为了笼络商人，牙人还扩大服务范围，由单一的中介贸易服务向为商人提供餐饮、住宿、休闲娱乐等一条龙服务发展，接待宴会、招人演戏算是常事了。如果说宋代牙人的主要作用还是联系上下家，介绍完成交易，那么在明清时期，牙人的作用就更大了，几乎成了组织贸易的核心人物了。本来官府一直想把官邸、店铺、商人组织成为一体，没想到民间先把这个设想实现了。

四、同业牙行的关系网

明初时，朱元璋在经济政策上开过很厉害的倒车，比如不准民间进行海外贸易，比如禁止牙行，比如去除商业中介，比如提倡买卖双方自行交割，等等。听着挺好，仿佛省略了中间环节，降低了交易成本，但实际上并不可行。

缺少了牙人，买卖双方像突然缺少了桥梁，不知该如何沟通了。而且牙人也的确提高了交易的效率。等到商业经济发展起来之后，牙人与牙行的作用更加突出。一些地方名贤、巨富权贵，也凭借自己的声望地位进行中介活动，而不少平民百姓、官宦人家也都想客串一把经纪人。明代有个拟话本《鼓掌绝尘》，说"满街衢行踪杂沓，无非那经纪牙人"，听着像现代笑话：北京一个石头砸下来，伤了十个，九个是官；广州一个石头砸下来，伤了十个，九个是商人。满街是牙人，虽是夸张说法，但在明代绝不是句假话。

到了清代，甚至规定客商不得直接购买，必须经牙行买卖，小贩亦不得绕过牙行把商品私卖给顾客。再往后发展，牙行由代客收买变为自备资金收购，再转售给商人。在这种经营方式下，牙人既是评定物价的中介人，又是交易中的统销商。他们可以利用牙行制度，把持行市、垄断货源、压低货价，从中获得厚利。这是牙行发展的最高形态了，牙行也变成了一个经济实体。

明清时，杭州转塘一带有茶市，茶市上多牙人。他们精于茶道，一把新茶，只要闻一闻、看一看、捏一捏，就能准确估价。他们把控了茶叶的进货与销售。清明时节，

转塘龙坞茶镇

茶市上常常能看到这样一幕：

从茶区来的憨厚茶农担着自家的茶叶来到集镇。茶市的旅店里已经住满了各地来采办茶叶的商贩。有几个年轻的商贩看到茶担就上去问话，想要进行买卖。谁知茶农根本不去理会他们，担着茶叶继续往镇上走。年轻商贩显然也不懂套路，执着地跟着走。而深谙套路的商贩就知道茶农来到茶镇是径直去找熟悉的牙人出货的，想中间截和，门也没有。

对于各个行业来说，控制行业牙行就能够掌握行业话语权，因此，同业牙行的作用是很重要的。政府抽取的行业税，实际上也是通过牙行取得的，因此只有保证行业牙行的利益，才能保障政府的税收，这点官府心知肚明。官府与行业牙行结成了利益共同体，因此官府坚决站在牙行这边，反对商业行为中的上下链绕开牙行自行交易的行为。而且上下链一旦自由组配，同业行会的秩序就会被打破，这也是同业行会不想看到的。

杭州商绅、善局董事丁丙就遇到过这样的事情：太平天国运动之后，杭州的善举联合体需要各行业的捐款来维持。本来捐款是按照正课（税款）以一定比例附加税的方式直接上缴到各善局的。但是战事之后，善举联合体的募款人员却发现米牙中实际操作的斛夫头（负责量米的人）却少报交易数量，偷偷进行私下交易。不只是这一个行业，其他行业的捐款也出现了问题，不是不上交，就是减少数量，善局很快就入不敷出。丁丙上书知府，要求政府插手。知府接受了丁丙的请求，对手持失效中介凭证仍然进行非法交易的中介行为进行取缔，同时作出决定：米业相关负责人能够随时稽查米牙的中介行为，以便其掌握交易的实际情况。但在实际操作过程中，这一禁令实行的效果并不是太好。两年后，米业的相关负责人再次提出了申请，要求严厉查处绕开米牙进行交易的行为。知府再次发布命令，声称如果再发现这种现象，可以报官处理。

从这个例子，我们可以看到同业牙行与政府以及同行之间的微妙关系。

自南宋以来，杭州作为商业中心地区，商业形式发达，所以牙人与牙行的形态发展也较为完善。在近代，传统的牙人转为经纪人、买办，而有实力的牙行也向其他行业渗透，发展成为近代的金融业，这是牙行业发展的续篇。

牙人与牙行的管理还折射出传统中国的法律与法治。

牙人与牙行，说长了，也是一本大书。

参考文献

1. 孙军燕：《评述历代牙行法律制度》，复旦大学硕士学位论文，2011年。

2. 孙莎莎：《宋代牙人制度研究》，山东大学硕士学位论文，2012年。

3. 王沙：《明代牙人群体研究》，西南大学硕士学位论文，2018年。

4. 中国社会科学院历史研究所隋唐五代宋辽金元史研究室点校：《名公书判清明集》，中华书局，1987年。

5. 韩大成：《明代牙行浅论》，《社会科学战线》1986年第2期。

行在会子满临安
——最早纸币使用记

宋代，当中国开始使用纸质货币的时候，世界上其他地区比如欧洲还在用真金白银制造货币，有的地区比如美洲仍在用贝壳串珠充当货币。

这一比，看出差距来了吧。

看看宋代，我们使用的纸质金融产品就有交子、会子和关子。如果说四川民间交子还只是信用凭证，那么南宋开始使用的行在会子，就是真正意义上的纸币。

一、我们要"减负"

说到以纸易金属来管理金融，自然要说到行商携带金属的不易。宋代以铜钱为货币，当时1贯铜钱的标准重量是5宋斤，换算成今天的计量单位就是3公斤左右。如果上个街买个1贯钱的东西就得背上6斤多重的钱，很不方便，商人长途行商就更不方便了。宋话本《错斩崔宁》（就是大家比较熟悉的《十五贯》故事）中说刘官人的丈人给女婿15贯钱做第一批开店本金，文中使用了一个动词，说刘官人"驮"着钱出门，可以想见这钱的重量着实不轻。有一幅宋代的壁画，画的是一个宋人背钱出门的情形，看这钱的数量，也不过四五贯吧，已经背得够呛。15贯钱，真会把人压驼了。

因为带钱出门太不方便，所以南宋时临安几个大豪商联合发起了一种便钱会子，作为支付的凭证，然后凭便钱会子到指定的商铺兑换现金，其功效大约像现在的汇票。有了这种纸质凭证，买东西方便多了。

便钱会子在临安城里流通起来。

但是便钱会子说到底只是一种票据，流通性还是不太好，只能在临安使用，而且只有会员级成员才能享受这个待遇。会员会说："虽然我用的是张花纸，靠的可是信用。"一旦商人破产，便钱会子也就失去作用。因此从产生到流通，这种钱还只是小范围内存在着。

只能说，商人只完成了初步的"减负"工作。

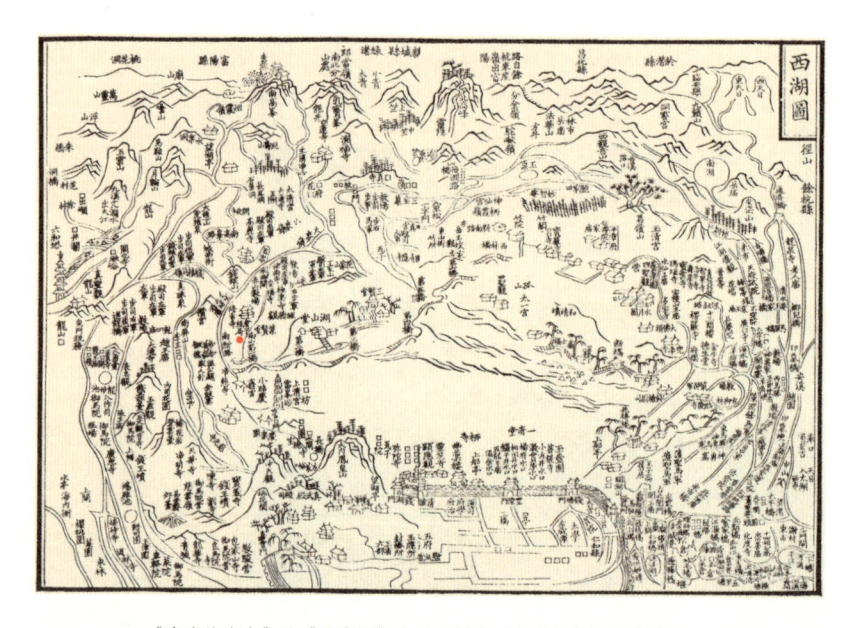

《咸淳临安志》的《西湖图》上明确标有"会子纸局"的位置

二、钱端礼的纸币发行试验

在现在杭州的中河上横亘着十几座桥梁，其中有一座就是通江桥。在南宋，通江桥东便是行在榷货务都茶场。"榷货务"是宋代的财经机构名称，就是官营的金融中心与大宗商品交易中心，主要职能是出售官府垄断经营的茶、盐、矾等商品，同时也收购商人手中的粮食、草料等物资，也是兑现见钱关子的地方。见钱关子是南宋时官府发给商人用来兑换现钱的一种凭证，其实说是本票更合适些。"都茶场"主要负责发卖茶引，茶引是能够从事茶叶买卖的资格，商人拿钱买来茶引，就能去收茶卖茶。所以行在榷货务都茶场是"一套班子，两块牌子"。

就在这里，钱端礼主持了南宋的纸币发行事务。

钱端礼是谁？

他是名副其实的官后代。其祖可以推到吴越王钱俶。赵匡胤黄袍加身做了皇帝之后，最不愿意的就是己榻之侧有他人安寝，意思就是不愿意有人与他分庭抗礼，但主动纳土称降的吴越王钱俶却得了善终，文献上说是因为钱俶处处谨慎，而且颇能体谅皇帝的心情，特别能够委曲求全，使赵匡胤都不好意思杀他了。甚至，钱氏后人还娶了宋仁宗的第十个女儿为妻，并生下长子取名钱忱。后来，钱忱跟着宋室南迁到了临安。

钱端礼就是钱忱的子孙。这么算起来，钱端礼是钱俶的六世孙。

钱端礼二十出头就出任台州通判，地位略次于州府长官。在他任职台州期间，台州发生了一起群体性事件。

这一年是灾年，一群饥民聚集在城外，看样子要往城里冲。台州知州非常紧张，准备派兵驱赶。钱端礼阻止说，这些饥民就是要口吃的，派兵反而会酿成事端，建议马上赈灾。

果然，赈灾开始后，灾民排队领取救济粮，秩序井然。

钱端礼体谅民情，也化解了一场危机。

钱端礼三十多岁时，开始管理财政事务，而且颇有些建树，为地方政府攒了不少钱币。绍兴三十年（1160），钱端礼做了临安知府，成了京城一把手，这是很重要的一个官职。

做了京官，自然关注京城的商业。

当时，宋代对外贸易频繁。相比较而言，周边国家的经济发展程度远没有中国高，刚起步的市场需要有等价交换的媒介，中国的铜钱正好承担了这样的使命。北宋的贸易还是以陆路贸易为主，商人们怕拿重物远行，所以铜钱外流现象还不严重。到了南宋，海路贸易兴盛起来。海船不怕运重物，使得宋钱流失到海外的几率成倍增长。甚至在日本，宋钱变成了本位货币，可以直接进行交易。在高丽与交趾等地，因为宋钱的质量远远高于本国的钱币质量，这些国家又与中国的贸易往来频繁，所以这些国家也喜欢把宋钱作为主要的交易货币，中国的铜币也被想办法留在了当地。在纸币发行过滥后，铜的价值比作为货币的价值更大，所以有些商人索性熔了铜钱做铜器。这样，市面上没有足够的铜钱流通了，因此，南宋发生过好几次钱荒。

钱端礼的想法是能否借鉴民间的便钱会子，发行政府背书的支付凭证。他设想，以官府的本金作为本钱，发行额定面值的会子，让会子代替铜钱发挥作用。绍兴三十一年（1161）二月，钱端礼以户部侍郎的身份，主导设立了行在会子务，正式发行纸币行在会子。

当时在都茶场会子务之外，临安城内还开设有五个会子务专门负责铜钱收换工作。民众每兑换1贯铜钱，需要额外缴纳10文作为手续费；如果想将会子换回铜钱，手续费则是20文（一说10文）。据说，当时行在会子上写着"就某处兑换，收工墨直二十文"的字样。"工墨直"字面上指人工、墨水钱，其实就是手续费。总之，此时的行在会子似乎保留了便钱会子可以兑现的特征。印钱的会子局在哪里？从《咸淳临安志》里可以找到，大致就是在现在的赤山埠一带。

当时准备的本金有10万贯。本钱类似于今天的银行准备金，但又不完全相同。当时的设想是纸币应该与储备金等量，所以准备充足的本钱就能增大会子的发行量。从绍兴三十一年开始发行，钱端礼主导的时间前后不过一年。在这一年中，除了发行会子，他还在湖广、两淮考察见钱关子，进一步思考纸币在长距离贸易中的流通作用。事实证明，会子是有一些好处的，至少，它解决了商人的携带难题，安全性更有保障。

三、"朕以会子之故，几乎十年睡不着"

当然，钱端礼在台前上演纸币发行的大戏，后面自然有大人物在后台坐镇，这就是当时的皇帝宋高宗。在高宗之后，是宋孝宗。宋孝宗从当上南宋的第一把手开始，便开始琢磨改革会子。

宋孝宗当政二十六年，用了三个年号，分别是隆兴、乾道、淳熙。在隆兴年间，孝宗很有雄心地想收复中原。

但打仗需要钱。隆兴二年（1164），地处江淮战场前线的统兵机构都督府称："现在会子流通顺畅，如果多加积蓄本钱并即日兑换，商旅就不至于阻塞难来。希望礼部能发行一万道空名度牒，交由各路分别出售。出售的钱放到建康府，专门作为会子本钱。"意思是，多卖几份和尚的身份证就可以多换回些现金。这个主意听上去很棒，因为拿到了和尚的身份证明，就能享受国家福利、免税、免役，对一个有经济实力的家庭来说，是件利好之事。而对国家来说，仿佛就是无本生意：不就是多印几个证件嘛，而且一万道和尚身份证明如果顺利出售，会子本钱便可增加数百万贯之巨。多好！

但是这个想法确实也是短视的：卖一个证明，相当于丧失了一个劳动力。数字一大，这个账就不好算了。简单点说，政府工程怎么完成？

但是看整个宋代，都喜欢像卖公债票或国库券一样卖和尚度牒。从北宋就开始出售度牒，价格越卖越高。北宋初年，每张度牒定价是130贯，南宋以后，卖到了七八百贯。度牒价格与会子发行成正比攀升，过量发行的会子又引发通货膨胀。

会子的通货膨胀引起孝宗的关注。乾道二年（1166）十一月至次年六月间，宋孝宗开展了一次大规模的"会子回收运动"，想控制行在会子的发行数量，并在临安府的六个会子务回收会子。结果是收取半年，户部从民间回收了大约一半的会子。

但这个回收活动，可把宋孝宗整得基本破产了。因为他要真金白银地从民间回收会子，同时白银流入市场

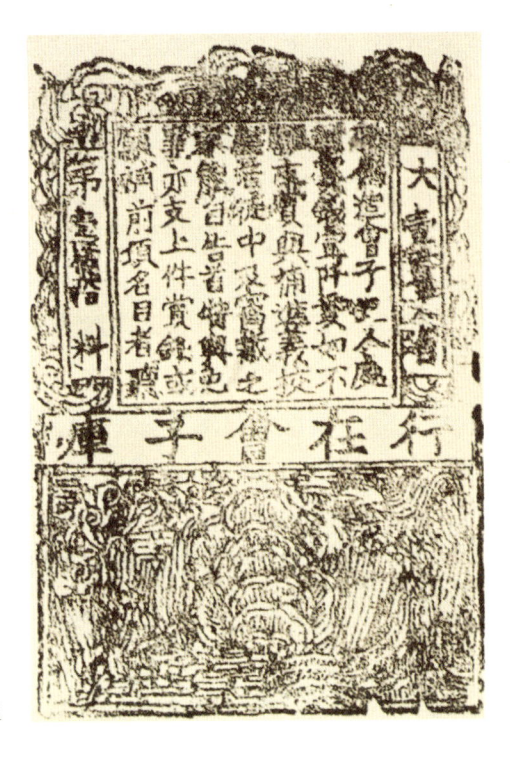

南宋会子铜版

就有三百万两之巨。白银既是货币，又是货品。货品的大量投放，引起白银价格的下降，而当时的军饷是以金银来结算的，以致掌管行在重兵的殿前司高级军官"殿帅"王琪称："白银泛滥，军饷中的白银贬值，军人们叫苦不迭。"所谓开弓没有回头箭，孝宗既然已经作了一个决断，就要为这个决断买单。当时，纸币的发行已经在民间产生了重大影响，朝中多名官员向皇帝建议重新发行会子以平衡白银数量。当时的宰相魏杞是这样说的："今会子已非前日比。"也就是说，会子的流通价值需要重估与重视。

宋孝宗在犹豫之后还是同意了，既然不能取消，那么就继续改革会子。

改革后的会子 2.0 版缩小了面值。之前钱端礼发行的会子面额为 3 贯、2 贯、1 贯；隆兴元年（1163），宋孝宗将会子面额进一步缩小为1贯、500文、300文、200文。为什么呢？因为小面值更方便百姓使用。

民间常用的货币单位是贯与文。《水浒传》里江湖好汉掏出若干碎银潇洒地甩给老板的场景，只是作者将明代的现象化用到宋代而已。宋代多见的是像孔乙己一样排出几文大钱。当然，宋廷仍主要发行1贯会子文省，其余三种小面额会子并不常见。比起动辄价值几十贯的白银来说，会子面额无疑较为适中。

政府还运用一切机会推行会子使用。当年户部就提出："朝廷以前总是下拨见钱关子、茶引、度牒等搭配钱银给江浙地区的州军，让他们购买粮食。但是当地官员经常强迫民众购买上述票据，影响很坏。希望从今以后不再下拨关子、茶引、度牒，只用新会子和钱银。"接着，宋廷接连出台了几条关于行在会子的使用措施：州县不得限制行在会子的用途与使用范围；不得贬值使用行在会子，违者重罚；等等。

另外，宋孝宗还设计了流通的年限，每三年为一界，每一界以1000万贯为限，届时指定有关部门收回。这使得宋廷既能掌握流通中的会子数量，又能在一定程度上防伪并减少会子破损。会子发行不再以同值的储备本钱作储备，这也是这个新会子的特色。

纸币的推行还是有成效的，百姓生活中纸币的使用普及开来了。

在宋孝宗执政的后期，他开始增加会子的发行量，将一界发行量提高到2000万贯上下。当时的市场并没有发生大的变化。宋孝宗之前说："朕以会子之故，几乎十年睡不着。"到了淳熙十三年（1186）第七界会子发行后，宋孝宗开心地说："听闻现在军民不要铜钱，却要会子，我知道之后特别高兴。"

四、摸着石头过河

理想很丰满，现实很骨感。

南宋是一个老是面临外族侵略的朝代。频繁的军事摩擦与局部战争，总是会对经济造成影响，同时军备要钱，打仗要钱，国库空了，怎么办？只好指望印钞机多印点钱，通货膨胀便成了常态。反映在会子上，就是会子面值与铜钱的比例不断地下降。淳熙二年（1175），也就是宋孝宗当政的第十三年，1贯会子文省值铜钱750文，到了庆元元年（1195），才隔二十年，1贯会子文省只值铜钱620文，到了嘉定三年（1210），1贯会子文省只值铜钱三四百文。庆元元年，也就是宋孝宗去世后一年，会子价值就下降了100多文，改革那么多年，情况仍然不容乐观，估计孝宗在地下也笑不出来了。

另外，纸币的发行虽然把钱荒压制住了一些，但是钱文、金银等货币之间的比值变化更大了。其中的波动很复杂，但纸币的贬值风险更大一些。不法商人也运用各种货币之间的差价来获取利润。同时，会子使用的区域还是有限的，辛弃疾说过："现在所谓行使会子的地方，不过在大军驻扎或行在周围的数个州郡而已，距离城郭稍远的村镇已经不用，其他偏远州郡的情况更不必说。"也有人动了歪脑子，利用地区差异来赚取差价。宋孝宗在世时就很愤怒，严令官府收支、民众缴税时都得写清楚会子多少、铜钱多少，以防作弊。但实际效果如何，不得而知。

还有就是制造假钞。宋时政府发行纸币，本来就是摸着石头过河的事。宋代的货币发行系统非常复杂，各个地区的流通情况不一样。除了临安用的纸币外，其他地区还有自己的货币。南宋的纸币采用金属雕版印刷，面积约19厘米×10厘米，并使用水性墨作为印刷材料。会子先用徽州（今安徽黄山市）纸印刷，后使用成都纸，再后来因为路途太远，所以采用临安本土制造的纸。也就是说，印钞防伪主要靠三重加密：一是特制的纸张，二是印刷技术，三是加花押技术。政府为了保证技术不外流，大致就是采用监控手段，制纸的工人没有人身自由，制版的工人没有人身自由，花押搞得像现在明星的签字一样让人看不懂。但总体来说，技术上的加密水平还是不高，民间不法者就开始印刷假钞。

《朱子文集》第十九卷就记载了一起假钞案。有一个叫蒋辉的制假钞犯在台州服刑，台州知州唐仲友看到他的制假技术不错，决定充分利用"废才"，让他印书籍卖钱。甚至，唐仲友还让蒋辉重操旧业，雕刻了新币钞版，并让秘书伪造了花押和印章，然后印出2600张假币，每张面额均为1贯，大赚了一笔。这件事发生在公元1182年，也在孝宗执政期内。

朱熹当时任两浙东路常平茶盐公事，巡查到台州，知道了唐仲友的劣迹，就上疏弹劾了唐仲友，连列了唐仲友24条罪状。本来制假这个案子的事实还是很清楚的，但是有人从中混淆视听，这个人就是唐仲友的亲家王淮。王淮背景很硬，因为他是当时的宰相。朱熹弹劾唐仲友，材料就被王淮从中截留。朱熹前后弹劾了六次，一次比一次证据确凿。王淮看事情闹大了，就捡了头一份罪行记录较轻的弹劾给孝宗看，还向孝宗进言，将朱熹的弹劾解释为文人间的争斗，属于文人相轻行为。

孝宗一听，觉得有理，心想：朱熹啊朱熹，虽然你是理学的掌门人，但胸襟还是不够宽大啊，要胸怀里能容人啊！人家唐知州也是事功学会的会长啊，也算是个学术大咖吧。你们学术不合，你就看老唐不顺眼，就往他身上泼脏水，甚至还牵扯名妓刑讯逼供，这分明是挟私报复，成何体统啊！以后再看到朱熹的弹劾，孝宗就有了先入为主的印象。到最后，孝宗索性让其他官员负责这个案子，把朱熹晾在一边，反而不去核查制造伪钞的事实了。

这轰动一时的弹劾案成了悬案。

不过可以想见，在制假成本如此之低的时代，铤而走险的制假钞案肯定不止这一件。到了理宗绍定五年（1232），竟然发生了咄咄怪事：回收的纸币居然比发出的纸币还要多！

行在会子发行了十八界，最后的十七与十八界没有了回收的年限，而且会子的作用已经很低了。为了挽救会子的信誉，南宋政府在贾似道的带领下还做过一次改革的努力，但这次努力距离南宋灭亡只有十几年的光阴了，南宋百姓也没有等到会子价值回升就放弃了会子。

倒是元代统治者还继续在治下使用纸币，还用得挺欢，甚至用上了防伪技术。

钱端礼、宋孝宗等人的上层设计使得会子从一种民间自发的货币演变成为国家法定的货币。但是纸币本身并没有价值，上面的内容才是价值，而这个价值是以国家的公权力来背书、以国家信用来担保的。

宋代临安的纸币故事也告诉我们纸币发行的原理：经济有实力，才是硬道理。

参考文献

1. 王申：《一夕纸醉千金散——南宋的纸币与杭州》，杭州出版社，2018年。
2. 彭信威：《中国货币史》，上海人民出版社，1958年。
3. 屠燕治：《南宋会子纸局今何在》，《中国钱币》2004年第1期。
4. 李埏、林文勋：《论南宋东南会子的起源》，《思想战线》1994年第1期。
5. 〔宋〕朱熹：《朱子文集》，中华书局，1985年。

扬帆远洋做贸易
——杭州的外贸景观

2007年12月22日是值得纪念的一天。这一天,南宋的商船"南海一号"在广东阳江海域被打捞出水,船上的金银铜铁瓷等器物总量达6万—8万件。这一发现,刷新了国人对南宋经济的看法。南宋的商业能力之强,已经建构起"中心城市—市镇集市—边境贸易—海外贸易"的商业网络。

在宋代,朝廷主动开港,在广州、泉州、明州、临安(杭州)等地建立了大型的港口城市,与东南亚、西非、地中海以及日本、高丽等国家和地区开展贸易。这时候的美洲原住民还过着游猎生活,欧洲主要国家尚未形成,非洲更是基本处于自然的生活状态。

一、杭州设外贸港口

宋神宗熙宁九年(1076),北宋朝堂上进行着一场辩论,辩论的主题是要不要在杭州、明州设立市舶司。市舶司就是管理外贸的机构,相当于现在的海关。海商货物进港后,市舶司官员要对货物进行抽解。货物按价值分为细色和粗色,所谓细色是指一些价值昂贵的货物,如宝石、珍珠、名贵香药等;粗色指的是普通价值的货物。细色征收的税额相对较高，十份抽解一份即10％的税率，市舶司征收的是全部货物的10％，无需统计货物的价格；粗色货物十五份抽解一份，大约征收全部货物数量的6.6％。

这个买卖真是好：官员在府中坐，财物自送上门。

多好的一件事。

但是集贤殿修撰程师孟不这样认为。他说不需再设立市舶司，因为广州已有一处市舶司，且杭州、明州两处对国外的香药进口量并不多，重复建立只是浪费国家钱财，白养活一堆公务员。

这一看法遭到了市舶司官员的反对。

程大人，您的目光多么短浅呐！多开几个市舶司对当地的经济有推动作用啊！大宋的海岸线那么长，您怎么知道海商一定从广州上岸，主要贸易国的日本、高丽不是喜欢从明州、杭州进来吗？如果二地不设市舶司，难道还让日本、高丽的商船绕远从南边进关？

讨论来讨论去，杭州、明州的两个市舶司暂时不关闭，但要整顿细化政策。还好没有关闭，因为后来发现，市舶司的设置对地方经济非常重要。南宋市舶司抽的税，支付了南宋的军费开支和宋金议和后所要支付的岁币。连宋高宗赵构都不得不承认："市舶之利最厚，若措置合宜，所得以百万计，岂不胜取之民。"

但实际上，杭州港的经营时间并不长，因为考虑到杭州的政治位置，外来人出入都城多少会带来安全隐患，所以把市舶司移至澉浦港，作为杭州的外港。但从整个宋代的背景来看，宋朝在经济上采用重商主义政策，激励远洋贸易，并制定了堪称中国历史上第一部系统性较强的外贸管理法则。

在这样的背景下，杭州的外贸商人很多。宋时，中国商人从杭州或明州出发到日本经商，在日本福冈市的博多港登陆。日本设立鸿胪馆招待中国使节与商人，还习惯称中国人为"唐人"。这些唐人不仅成为商品的贸易者，也成为文化交流的使者。

二、杭州是远洋商人的聚集地

可能一提到远洋贸易，大家第一时间会想到"朝贡"。其实"朝贡"是官方组织之间不平等的商品往来。入贡者表现出归附称贡的谦卑，中国官方则给予丰厚的回赠。真正的民间海外贸易兴起还是在唐宋以后。宋代被学者视为"世界伟大海洋贸易史上的第一个时期"，南宋的私人远洋贸易的规模也是非常可观的。有时候，政府的信息交通也通过商人来传递，这在宋代中国与高丽的信息传递中特别明显。到了南宋，由于北方为金人所占，南宋与高丽的政府往来越来越少，政府间的信息多靠商人传递，比如，宋高宗即位的诏书是宋朝商人、纲首蔡世章带到高丽去的；徽宗及皇后郑氏崩于金的消息是由宋商人吴迪带去的；宋与金兵的交战结果是由宋都纲侯林带去的；高丽商人、纲首徐德荣被宋孝宗当成信使向高丽带信。所以，当时的民间商人兼有政府信使的身份。

南宋时，临安作为国都，全国的商品货物和财富咸集于此，组成了以临安为中心的交通网络。同时，作为内陆航线与外洋航线的聚合之地，临安有着巨大的商品吞吐量。向北沿大运河的上、下塘河北上在苏州合流，再至常州、建康等地；向南在南口外分流，一支经绍兴到明州，另一支到严州、衢州和徽州。明代地理学家王士性在《广志绎》中写了杭州百货聚集的景观：湖州的丝绸，嘉兴的绢帛，绍兴的茶叶黄酒，宁海的海鲜，处州的磁器，严州、温州的漆器，衢州的柑橘，金华的曲酒等，应有尽有。明人王在晋则在《越镌》中列举了福建商人在杭州市场上收购的货物，有"纱罗、绸绢布匹者，有买白糖、磁器、果品者，有买香扇、梳篦、毡袜、针纸等货者"，他们收购特色货物、生活用品，只有想不到，没有买不到，且符合民间采购的特质。南宋地方志《宝庆四明志》里详细开列了各国贩至中国的货品，有高丽的各种土特产，日本的工艺品以及木材，占城（越南）等其他国家的各种香料和土特产，而中国主要向外出口金银、瓷器以及丝绸。

杭州港延伸向世界各地：从杭州出发的航线向东可达日本、高丽；向南可达南洋各国，包括今天的越南、泰国、马来西亚等国的沿海港口，以及印度尼西亚、新加坡、菲律宾等岛国；西向可到北印度洋沿岸各国，远至波斯湾、东非和北非海岸，海外贸易相当活跃。

宋人吴自牧很详细地描绘了海商出海的情形，勾勒出杭州—澉浦—明州/温州这样一条商品从内陆运向海边，再由明州或温州出发向世界各地流通的水上通道。明以后，在杭州装货，船出泉州可以出洋，国内货物与国外货物交换，形成巨大的商贸交易。吴自牧还仔细介绍了一些远航常识。比如，远航船的大小，基本约有七十多丈。再比如，宋人还知道海与洋的区分：近陆地为海，远者为洋，全看海面水色来定。在大洋中航行，全靠指南针辨识方向。洋上起云，就能空中现龙，顷刻大雨如注。航海人看云识天气，看浪辨风向，看水清浊辨山之远近，知识绝对丰富、接地气。

由于轻商的缘故，真正能够载入史册的远洋贸易商人是不多的。一些文集与笔记小说中提到了几位商人的名字，比如李省、王彦太、张四等，但是却不知道贸易的细节，而且笔记小说的人名也可能是杜撰出来的。这方面写得很生动的是《宋稗类钞》中记载的一个故事。

南宋清河郡王张俊一次在后花园看见一个老兵躺着在晒太阳，非常不高兴，就怒骂：你能够干什么事啊，这样混吃等死的。老兵说：我能干贸易的事。张俊嘲讽地说：你能干，那我给你1万缗，你给我干个名堂出来。老兵说：1万不够。两人讨价还价，老兵要了50万缗。张俊冷笑一声给了他，心想：成了也不过50万缗，不成就等着受死吧。

老兵造了艘大船，配置了歌女100余人，又搜集了绫罗绸缎及各色奇珍异宝、金属器物、美味佳果，还招了些伙计、书记，搞了一支近百人的工作队伍，整天吃喝玩乐，这样过了一个月。

张俊忍无可忍，正要与老兵算账，却被告知，老兵带着船只出海了。

过了一年，有人报告说老兵回来了。张俊很好奇，特地去了趟港口，见老兵满载而归，不仅带回了珍宝香药、宝马良驹，还获利十倍。

张俊问：你跑哪去了？老兵说：我打着大宋官商的旗号到了海外，见了当地大王，献上绸缎，献上歌舞，请他们品尝各种美味。那大王高兴坏了，拿骏马来换绫罗绸缎、奇珍异宝，还送我各种香药宝贝，一番贸易之后，我就回来了。

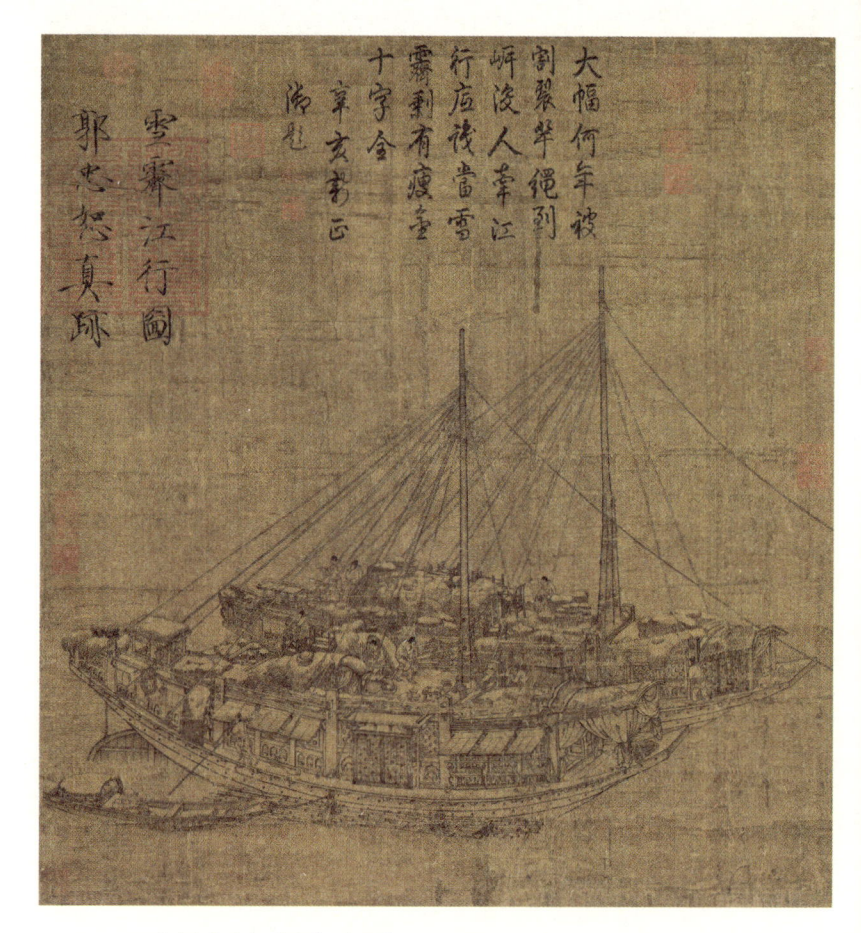

〔宋〕郭忠恕《雪霁江行图》

　　这故事很有传奇性，但毕竟只是笔记中虚构的。历史上，商人的面目还是很模糊的，不太清楚他们的命运与遭际。到过中国的一些日本人提到了一些中国商人的名字。比如北宋时来中国的日本僧人周然（938—1016），日本学者木宫泰彦在研究他的著作时，发现了中国商人朱仁龙、周文德、周文裔、陈文祐、孙忠、李充等人的名字。从对《扶桑纪略》《百炼抄》《元亨释书》《续国史实录》等书中记载统计来看，当时两浙路商人11人，福建路8人，两浙路中以台州与明州商人最多，临安籍的只有谢国明1人。

不过商人的籍贯不能说明问题，因为大部分商人都是在杭州置办货品的。而且杭州也是连接海洋与运河的要津，不少僧人就是通过杭州到达当时的首都开封的。比如大和尚寂照一直住在开封，寂照的弟子也是从日本先到杭州，然后到达开封的。

这么一梳理，请看，杭州是不是个关键的地方？

所以可以想象，杭州的远洋商人是不少的。南宋吴自牧就说，杭州的富家多是外地人。这些外地人干的就是远航贸易，赚了钱，就在杭州安家，杭州的凤凰山一带全是这些富人的豪华别墅，所以凤凰山又被称为"客山"。

三、"大楠菩萨"谢国明

谢国明是南宋临安人，他在日本居然被称作"大楠菩萨"，这是怎么回事呢？

按照博多《谢国明之碑》的记述，谢国明应该生于南宋光宗绍熙四年（1193），卒于日本建长五年（即南宋宝祐元年，公元 1253 年）。

南宋时，民间远洋贸易已经非常兴盛。谢国明以船主兼商人的身份来到日本。这一时期是南宋宁宗与理宗时代，也是日本的镰仓时代，是日本贵族阶级兴起、官府力量衰落的时代，日本的民间贸易开始活跃起来。当时，日本接待中国商人的港口是福冈县福冈市的港口博多。船进港口后由日本官员清点货物、查检文件，再层层上报。然后由政府派员到大宰府协同处理货品，原则上也是先政府采购，然后允许民间交易。

当时华人在博多有一个生活区域叫"宋人百堂"。据说谢国明是当时赴日贸易商人中的首富。日本人把率领船队的宋朝人称为"博多纲首"，谢国明就是纲首。谢国明在日本久了，取了个日本名字，叫"谢太郎国明"，还娶了个日本籍太太，定居在柿田神社附近。接着，谢国明租下博多附近的玄界滩小吕岛作为中日贸易的基地。

中国先秦的政治家管仲有句话："仓廪实而知礼节，衣食足而知荣辱。"司马迁也有句话："人富而仁义附也焉。"意思是说只有满足了物质条件，人才有向善向仁的意愿，所以千万不要小看商业的作用。谢国明正是有了坚实的物质基础，才有更多的能力来经营文化事业。

日本四条天皇天福元年，也就是南宋理宗绍定六年（1233），日本临济宗僧人圆尔辨圆想到大宋学习临济宗和茶道，但是没有资金。他打听到谢国明其人，所以从京都来到博多拉赞助。

谢国明答应赞助圆尔辨圆。圆尔辨圆于嘉祯元年（即南宋理宗端平二年，公元 1235 年）来到南宋。他去杭州径山兴圣万寿禅寺佛鉴禅师（无准师范）那里学习，仁治二年（即南宋淳祐元年，公元 1241 年）回国。在谢国明的支持下，圆尔辨圆开创了承天寺，也成为圣一国师。

然后有了传说中的这个故事。

有一年年末，日本正好是灾年，百姓家中都没有什么吃的，一个个饥寒交迫的饥民来到承天寺祈祷。这时候，"福星"降临了！这个福星就是谢国明。因为承天寺里堆积着谢国明的货物，是白白的面粉。谢国明把面粉分给大家。

博多的老百姓双眼发亮，但是怎么吃这面粉呢？大家还是想不出主意。

谢国明教给大家：在面粉里加盐，再加温水调匀，揉搓切条——就是简单的面条的做法，然后加到沸水中煮熟吃。

博多人第一次吃到中国面条，又兴奋又感激。

第二天正是春节，大家没有饿死，正在迎接新年，这时又有中国船只进港了。

大家上前一问，又是谢国明的船，不由得激动万分，都认为是个好兆头。果然，慷慨的纲首又给大家带来了新年礼物。

博多百姓非常感激谢国明，甚至不少地方还传说，针灸、造船、剪刀、馒头的制作工艺都是由谢国明传授

博多大楠样

给当地百姓的。

谢国明死在博多。日本人在他的墓前建了个小塔，墓前种植了楠树，这棵楠树越长越大，包住了坟墓，当地人亲切地称这棵楠树为"大楠样"，还在每年八月二十一日举办"大楠样明祭"。中国学者汪向荣把"大楠样"译成"大楠菩萨"，谢国明就这样成了"大楠菩萨"。

四、冲破禁令做外贸

时间到了明万历年间。

明代的外贸环境已经发生了很大变化。明太祖朱元璋坚信"农桑"才是"治国、平天下"的根本，屡次宣布"通番禁令"，规定"滨海居民不许与外洋番人贸易"，他那句"片板不许入海"是最有名的语录。骨子里的保守与事实上存在的海患让明政府对海上贸易心存芥蒂，一刀切的政策让江南一些人的生活滑出了原有的轨道。

之后的几任皇帝，政策时严时宽，民间的贸易活动也随政府的进退摆动着。

发生在嘉靖二年（1523）的"争贡事件"则成为严格海禁的导火索。这一年，日本诸道贡使在中国市舶司所设宴席上互争座位高下，起了冲突，日本左京兆派出的贡使宗设在浙江绍兴一带杀百户、千长泄愤，这一纠纷直接导致明政府禁止对日通商，浙江宁波港被指定为接待日本"贡船"的唯一港口。但宁波港并非为民间贸易设立的大港。合法港口的关闭，反而促进了另外一些民间贸易港口的悄然兴起，宁波港外的双屿岛就是一个典型。双屿岛曾被中日历史学家称为"16世纪的上海"。全盛时的双屿岛，大量的货物都在这里集中、交换、中转。

据《明经世文编》记载，公元1547年朱纨围攻双屿岛时，侥幸逃脱的中外走私商船有1290多艘，留在岛上的货物价值200万金，可见其贸易规模之大。在政府的半默许状态之下，福建漳州月港成为民间贸易的重要港口，在万历年间最为繁盛。

浙江人参与远洋贸易有其深厚的社会背景。如果深入地看待唐宋以后浙江的经济，可以发现在两宋以后，浙江的农田基本用尽，也就是说，农业的增长已经达到天花板，而人口的增长与粮食的产量间存在较大的差额。与此同时，浙江的手工业、轻工业、商业等迅速发展，劳动生产物已经超过当地百姓的日常消费能力，在这样的情况下，通过商业扩散物品也就成为当地百姓的生计方式。取消正常的海外贸易，无异于断了百姓的生计，自唐宋以来的贸易生涯也使得浙东百姓习惯了海外的冒险。在正常情况下，政府主导的朝贡贸易与民间的远洋贸易相得益彰，消化了民间劳动力，也形成了正常的生产生活格局。一旦这一格局被打破，民间的力量就要重新聚集。这样，杭州作为一个货物集散地，成为外贸货品购买的好地方，而漳州成为其出洋之地。杭州与福建的商人联起手来，冲破禁令，进行远洋贸易。如果放在海禁政策下看，两地商人的这种做法等于是在"联合走私"。

先来翻一翻明万历年间的几件走私案。这几起案件，记录在王在晋的《越镌》里。

第一起是浙江商人薛三阳、李茂亭与福建商人严翠梧、方子定等的走私案。

福建商人方子定常年扎根定海，所以与浙江商人联手做起越洋生意。远航贸易规模大、路途长、成本高，再加上禁止出海的命令,所以还要应付官府。这次生意几个人分了工。第一路浙江人李茂亭在杭州收货,由商人林义报关出洋,估计是从明州港出发,属于正规出海;第二路则走私货,由薛三阳与严翠梧去物色漕船,买通关口,船就在近海处等候杭州来的货。两人又私下里雇了三条内河船,假称是去杭州进香,实际上是到杭州采购珍奇异货。因为上香船是不受盘查的,所以两人采购结束后,装上货物沿水路顺利直达普陀。接下来是把私货混入明货之中。当三条船出海时,正好是涨潮时分,船被困在近海,被当地官兵发现。官兵坐船赶来的时候,正好潮退,三条船逃入大海。这时出现了一点小插曲,一队官员坐小船赶了上来,追上了其中一条走私船。船夫马应龙用一些绸缎布匹贿赂了官兵,有惊无险地逃脱了围追。这时候,其他两条船已经与薛三阳的大漕船相遇,货物尽数移上了大船。就这样,两路船队先后开船远航了。第三路,则是福建商人方子定的商队。他先在福建采购杉木贩卖至浙江定海,想约薛三阳一起去海外贩货物,所以他将杉木卸在定海,自己去苏州与杭州采购丝绸,顺便又说服郑侨、林禄两个商人加盟。郑侨、林禄购买了日本人喜欢的毡毯,三人到达定海汇合。但到达定海时才发现薛三阳的船已经走了,因此他们只好先将货物留在方子定家中,再去找大船出洋。

谁知在这当儿出事了,福建官府密查到了方子定与日本翻译有私下的关系,突然上门搜查方家,方子定之前的走私事实浮出水面,而福建浙江两地商人合谋远贩的事实也很清楚了:这次出洋的三条大船的带头大哥分别是李茂亭、唐天鲸与方子定,货主有士垣、薛三阳、董少与严翠梧。再往下捋,涉及的人越来越多。到案件审理时,已是几十个人的大案了。

第二起通倭大案大同小异,也是浙江商人与福建商人合作远洋贸易。

因为杭州是当时的贸易中心之一，货品繁多，所以福建商人杨才甫长驻杭州经商。远洋贩卖需要大本钱，杨才甫一个人本钱有限，便又约了杭州商人入股，于是杭州商人张玉宇欣然参与。两人在杭州购买了丝绸等货物，再找到船户，并约了其他一些商人，一共30多人。就这样，一支远销队伍就算成立了。

船只由宁波出发，顺洋流飘至日本列岛。当时，日本与中国民间从事贸易往来的港口分布在九州北部地区，如鹿儿岛、五岛列岛、平户、长崎等地。这些港口有精通汉语的通事负责商务。中国人停于岛国，在长崎等地有聚栖之地，称唐人町，跟宁波以前的那条波斯巷很相似。

由于中国货物很受日本人喜欢，货物很快发售完毕。但是回国并不容易，还要看洋流的方向，等到海浪方向合适才行。商人们分成两路，张玉宇一路前期便随其他船队返回，商人施春凡、陈振松等人则等货物发售完毕再返回。

张玉宇跟随福建商人林清一伙一起回国。回国的路程也不顺畅，不止是一路辛苦，海上更有海盗出没，如果被发现，银两不保不说，身家性命也是岌岌可危。他们十月初五由五岛出发，直到十二日才到普陀一带。他们还特地招了银匠，在船上就将交易得来的日本通行的银锭熔化，可直到进入中国海域了，银子还没有完全熔完。

说起来也真是不走运，船只在普陀区域被官兵发现了，慌忙中驶入小岙之中。船上众人不及把剩余倭银倒入海中，纷纷背着银两袋子逃跑。结果可想而知，岙中根本无路，银两又沉重不堪，众人还是被官兵抓住了。

因为日本银两尚在，而且船上贩来的日本的各种工艺品、首饰品等俱在，被抓了个现行。

第三起是杭州商人赵子明、沈云凤等五人的案件。

赵子明是丝绸织造商，生产规模应该不小。他还生产一种叫蛤蜊斑的缎绢，估计是某种特受东南亚人民喜爱的丝绸。从这个层面来说，赵子明也算是个民间工艺师了。杭商周学诗向赵子明赊账买这种缎绢运到漳州，又从漳州出港运至东南亚的暹罗（泰国）、吕宋（菲律宾）一带出售，获利丰厚。周学诗银袋鼓鼓，回来还钱。

这件事到此都算顺利。

没有想到的是周学诗在出发前曾为讨吉利，在道观许愿。事情办好后，他心中高兴，就在杭州三茅观设醮演戏酬神。哪知来看戏的人太多，人一多口就杂，越洋贩货的事就败露了。这样一来不仅周学诗被抓了，还把赵子明也拖累了，因为赵子明也在这次贸易中获利了，所以与周同罪。同案还有一个更冤的股东沈云凤。沈云凤只是一个读书人，因为家中有钱，所以这次贩货也出了钱，还出了力——让家中的仆人跟着跑码头、做生意，所以也有罪过。

刚开始读这几段史实的时候，第一个感觉竟然是，这些商人都还有一个像样的名字。因为，我们在读史料的时候，发现在文中出现的小商贩名字都很简单，比如沈八、王四什么的，后面加个郎字已经很不错了，如果加个官人，更说明其祖上就有些仕名了。这可以说明这些商贩大多社会地位低，家境不太好，要么就是没有大名，要么就是正式记录中没有商人的位置。而上述商人倒是因为犯了案才看到了全名。

第二个感觉是在明代"海禁"的大环境下，这些行为明显违法了。

如果我们滤去时代背景，再去通读这几个案件时，还能复原出"海禁时代"杭州商人参与越洋经商的场景，洞察社会发展的原始推动力。

禁止通番，这或许是国家在对付海患时的必要措施，但是措施过激而武断，结果是阻碍了正常的民间商业行为。远洋贩货不是一件简单的事，正如王在晋所说，船只运行与管理是一路，在明代海禁森严的情况下，甚至出海船只都要自己打造。船只打造工、修理工，船长与海员、导航员，就是几十个人。货物的组织与运售是另一路，不仅需要商人，还要有经纪人；由于牵涉到语言问题，还需要商业翻译（通事），这就是六七十人的大队伍。上下关节之多，路途之远，官家训诫之严，居然"埠头与舟子同心，关霸同商贩作弊"。在明代严苛禁令之下仍有海民趋之若鹜、铤而走险，里面的原因就值得深思了。

禁止通番，直接损害的是中低层商人的利益，考虑到当时政治争斗不断的现实以及官员对措施的变形实施等情况，禁令的出台，实际上导致了交易中间成本的增加，而走私只是钻了政府疏于管理的空子进行的投机活动，增加的是交易的不确定性。一种生长中的资本主义力量，想要生成自己的话语权，是需要有宽松的环境与扶持的政策的。如果贸易政策与社会的发展南辕北辙，必然会发生冲突。在明代国力不强、军兵不够、治理松弛的情况下，正常的商业要求得不到满足，也易产生激变，百姓的角色容易产生偏移，无赖勾结海盗，倭商变身海盗……

案件中的几位杭商，只是普通的商人，他们并不想建立丰功伟业，只是想通过冒险获得更多利益。马克思有句话揭示了资本的逐利性：有百分之二十的利润，它就蠢蠢欲动；有百分之五十的利润，它就铤而走险。但只是这简单的想法也使他们能够具有不妥协的力量。

参考文献

1.［韩］李镇汉：《高丽时代宋商往来研究》，李廷青、戴琳剑译，楼正豪校，江苏人民出版社，2020年。

2.王勇、郭万平等：《南宋临安对外交流》，杭州出版社，2008年。

3.［明］王在晋：《越镌》，明万历三十九年（1611）本。

4.［明］王士性：《广志绎》，吕景琳点校，中华书局，1981年。

5.许孟光：《明州与高丽的交往以及高丽使馆》，《海交史研究》1995年第2期。

第三章

商文结合

古杭商道 HANG ZHOU

　　杭州具千年人文渊薮，文化的发达给杭州的商业带来了雅致之气，并化入杭州商业精神之中，提升了杭州商业的品位。

　　这章所展示的是文化事业与商业行为结合的亮丽风景线。文商结合包含了以下几层意思：或以商养文，或以文助商，或文人下海经商，或商人志趣在文。

　　杭州文化商业发达，出版业更是从宋代延续到清代。南宋的书商陈宗之，清代的出版商陆云龙、畅销书作家李渔、游戏牌画家陈洪绶，都是其中的典型。明代汪汝谦则是以商养文的典型，清代的粲花室主人邵芝岩则是将其爱兰志趣带入商业行为之中的雅士商人。

　　近代杭州，蒋抑卮虽然以金融业为毕生事业，却不乏文学素养。他赞助鲁迅出书，从一个角度折射出有新型思想商人的文化理想，是以商助文的典型案例。

　　"崇文舫课"是杭州特有的文化景致，也是杭州历史上商业与教育结合的范例。崇文书院是创办于明代的盐商子弟学校，在杭州的书院文化史上有着举足轻重的地位，也是商业助学的典型。

文化、风月与经济
——杭州的文化商人

本篇我们来聊一组逡巡在商业与文艺之间的文化人。这些人中,有的是富后代,受祖之荫,家境优渥,所以醉心文化事业;有的亦商亦文,过着别样的文化商人的生活;有的以经营文化商品为主业,形成特殊的商人风景线。

一、连锁书店老板陈宗之

自吴越归宋之后,杭州的文化气氛越来越浓。北宋时国家最高学府国子监的许多印刷工作就在杭州完成,杭州也聚集了许多从事印刷的工匠。到了南宋时,各所官方的印刷机构都在杭州,雕刻人才更是会集此地,杭州又是文人才情与刻印技术能够完美融合的好地方,所以出版事业蒸蒸日上。南宋成功的大书商非常多,比如沈八郎、贾官人、王念三等等,但是历史上最有名的还要数陈起。

陈起,生卒年不详,字宗之、宗子、彦才,号芸居,一号陈道人,别称武林陈学士,钱塘本地人。陈起年轻时成绩非常好,得到过解试第一名。但是之后科考不顺,屡考不中,所以索性就弃文从商,经营起了出版业,临安城里的"陈道人书籍铺""陈宅经籍铺""陈解元书斋铺"等都是他们家族旗下的书店。

陈家的旗舰店开在睦亲坊。这一带是繁华地界，但书店并不临街，所以正好闹中取静。此地位置极好，一是靠近贵族居住地。睦亲坊中多的是皇亲国戚，所以他的读者群体很高端。第二，此地也靠近太学，也就是离高等学府很近，所以知识分子扎堆。陈起把自己的住宅建设成为集销售、会客、生产、生活于一体的地方，前面是书店，店后就是他自己的住宅。他把藏书楼取名为"芸居楼"。到底是书店老板，取名也与印刷挨边。古籍印刷纸中含有芸科类植物纤维，平时书库内也要放芸科类植物，目的是为了防虫，以"芸居"为名，真是再贴切不过。看来书店老板很满意自己的房产：屋前有静静流淌的官河，河边种植着高大的杨柳、梧桐，到了夏天，可以在树下看书、纳凉。从二楼的后窗可以眺望远处的青山，阴雨时分，山色如黛，诗情画意。

一个人能做一件自己喜欢的事情是天大的幸福，这件事情又能与谋生结合起来，那更是完美至极。做一行，也有一行的门路。南宋的书店有许多，都搞专业化运营，比如有的专门经营佛经，有的专营日常生活用书。陈起呢，与自己的爱好相结合，做大众文化读本。几十年间，他刊刻的唐宋诗集、话本数以万计，"字书堪称晋，诗刊欲遍唐"，在普及文化方面发挥了重要作用。我们看看他刊印的书：《宋孔平仲续世说》12卷，《汉刘熙释名》8卷，《唐康骈剧谈录》2卷，《宋释文莹湘山野录》3卷、续1卷，《宋邓椿画继》5卷，《宋郭若虚图画见闻志》6卷等。其中，宋无撰人《灯下闲谈》2卷、《唐韦苏州集》10卷、《唐求诗》1卷、《宋刘过龙洲集》1卷等，是文人的最爱。

尤为难得的是，他的书刊刻质量很好，以褚（遂良）体为本，间有瘦金体（赵佶）与欧（阳询）体的笔意，娟秀挺拔，时过几百年，还让人印象深刻。民国以后，同乡人丁三在兄弟开发的仿宋字体，雏形就来自陈起书铺刊印的书籍。

作为一个资深读书人，陈起喜欢与作者打成一片；作为一个资深的编辑，他擅长的是为诗人们删定诗集。陈起编了《江湖集》后，因这部诗集太过有名，以至于被收入诗集内的作者都被叫成了"江湖诗人"。

某一天下午，编辑陈起与一位读书人在书房聊天，不过气氛有点紧张。

那位读书人叫张志龙，也是个资深诗人。张志龙这

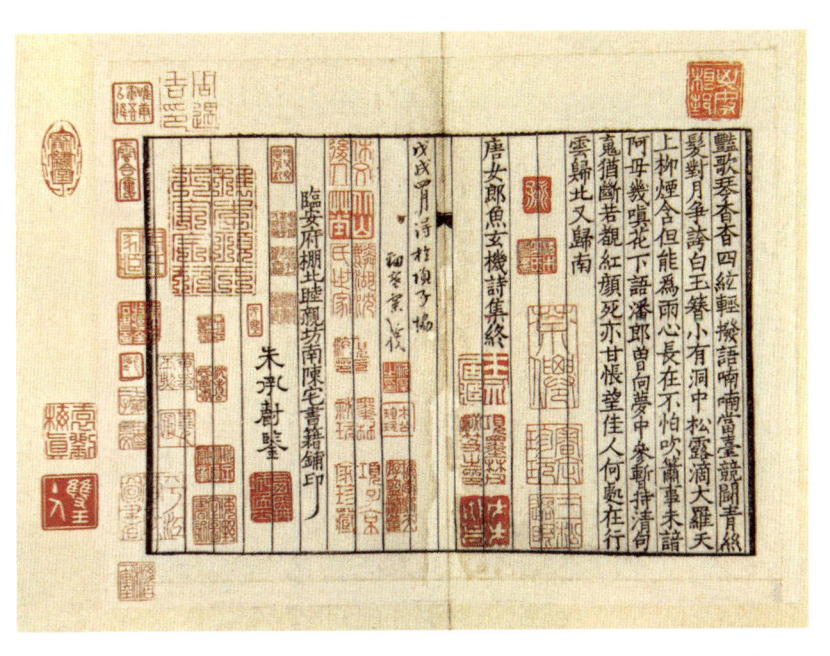

南宋时陈宅书籍铺刊刻的《唐女郎鱼玄机诗集》书影

次想出版个人诗集,请陈起来把把关。催了几次,陈编辑只说正在看,并无下文。张志龙不放心,想着是多年的朋友了,就上门来问问是怎么回事。一进书房,只见陈起的桌上堆满了书稿,他正在稿上批着蝇头大的文字。寒暄几句,张志龙直述来意。

陈起说:这书才看两遍,没有最后定稿。兄台如果急着要出,我先给找出来。起身到书架上找寻,捡起一份稿子给张志龙。

张志龙一看,不会吧,拿来时是厚厚一沓,现在只有一小叠稿纸。忙问:陈兄,是不是太忙,我的稿子才看了一小部分?

陈起说:不是不是,是那些稿子太差,我全都抽掉了。

张志龙一听,血都涌上来了:陈兄,我也是自幼开蒙,饱读诗书四十多年,才积了这些,还自己改了四遍,才拿来出版。你居然都给扔了?

陈起忙说:不敢不敢,我再找找。

找出一个小竹盒,里面正是张志龙诗稿,只不过边角上密密麻麻,全是朱批。

张志龙颤颤巍巍地拿起一页诗稿,压住怒火往下读。越往下读,越觉得陈起批得有理,越读越没有火气,到后来不自觉地连连点头。

好编辑就是专家,这话不是瞎说的。

张志龙本来要发作一番，看了改稿后，连连改口：劳驾再给删删，陈兄这一点评，我都觉得这些诗何止是差了些，简直不能示人。结果这本诗稿最后只留下了7%，可见一个诗派的成名与一个好编辑离不开关系。难怪江湖派诗人叶茵称陈起为"定南针"，他审过的稿不成精品都难。

二、"黄衫豪客"汪汝谦

汪汝谦是一个成功打入文化圈的商人。

汪汝谦（1577—1655），字然明，明末清初歙县人，祖上早已迁居杭州，为杭州市的商籍。汪家是个大家族，世代经营盐业，家底丰厚。汪汝谦的祖父汪珣买了官职，到父亲一代由"商"而"文"，到汪汝谦这辈，文学方面的造诣更高。但是汪汝谦生活在明清易代之际，杭州经济萧条，又历天灾与战火，西湖破败，文人漂泊，前途渺茫。所幸汪汝谦颇具豪情，且家中又有钱，他一心想恢复西湖过去的光彩，在西湖上专门建造了游船"不系园"，又结交文人姝女，刊刻书籍，成为那个时代杭州文化圈的公众人物。

汪汝谦刊刻的作品比较随性。首先，他刊刻自己的诗集，又出版了好友柳如是的《与汪然明尺牍》《湖上草》，还辑校刊刻了《西厢记》、《参寥子诗集》12卷、《东坡称赏道潜之诗》1卷、《汴都赋》1卷及《附录》1卷等文学作品，兴趣很广泛。可以说，刊刻只是他的文化爱好而已，并不是他谋生的方式。

作为富家子弟，汪汝谦的志向是成功进入文化圈，塑造自己文化大咖的形象。

现在我们来看汪汝谦的一生。他是把吃喝玩乐当成一件事业来做的，但他的物质追求，都不是世俗人的吃喝玩乐，而是当时的一种时尚，即酬唱欢宴、作画吟诗。年轻时，汪汝谦就参加过冯梦祯主持的西湖胜会，想来印象深刻，所以当他有了一定的江湖地位后，便主盟西湖风雅，希望创造风雅典型。

天启三年（1623）仲夏，汪汝谦恰好得到了一条大木，他就斫榘为船，这就是"不系园"。这是一艘别致的游船，不只是外观漂亮，而且很实用，是漂浮在水面上的园林。汪汝谦的《不系园记》中记，这条船有"六丈二尺，广五之一"，按照现在的尺寸，大概有21米长，4米多宽。进舱就是一个大厨房，可以放入美酒；第二进是餐厅，可以放下两张大席；第三进是休息室，可以让游人小憩，这间两壁都做了暗格，可以储放各种文房用品。看到这里，我不禁想到楼外楼的水上餐厅，结构如此相像，人室两边，均是明窗，推窗望出，湖光山色，空蒙清心。但这条游船更妙的地方是在最后方的平台处，舱两侧各有走廊，沿廊出舱，就是个平台，台上挂着青缦，早上或者傍晚的时候，由缦中观景，如坐于彩霞之中，或是沉于碧水之间。更加奇特的是，其他大游船高顶宽轩，很难穿过平桥，"不系园"却可以随时把栏杆卸下，把帘缦卷起，瞬时体型变小，可以从容穿过平桥。船的底层面积约11平方米，具有宴饮、作诗、赏景等多种功能。

船造好之后，汪汝谦的湖上漫游便开始了。他请了文人雅士、方外之士、名媛姝女，还有专门伺候的童子两三人，一起在湖上漂啊漂，真似神仙一般快活。不过"不系园"的目的是"遨游若泛不系之舟"，追求的是精神的自由，所以也不是所有想上船的都能上来的，只能是贵宾成员，原则就是"名流、高僧、知己、美人"。看一看汪汝谦的好友名单就知道了，比如冯云将、张遂辰、黄汝亨、陈继儒、钱谦益、董其昌、蕅法师等。其中张遂辰是自学成才的医生，黄汝亨是退休干部，陈继儒、钱谦益是大文人，董其昌是大画家，蕅法师是大和尚。我们还能在名单里看到另一位文化商人李渔的身影。聚会时还有不少当时的有名才女参加，她们的身份多为湖上的青楼歌伎。这是晚明的特殊文化风景：美女加美景，不负西湖的美名。汪汝谦结交的青楼才女有林天素、王修微、杨云友、柳如是等，当时汪称她们为"校书""女史"。

其中汪汝谦与林天素交情最好。林天素是福建人，有一年到杭州住了一个月，汪汝谦对她产生了感情。林天素走时，汪汝谦置酒相送，林天素弹琵琶以对，成为文坛佳话。林天素走后，汪汝谦梦见了一个酷似林天素的美人拿着一把林天素用过的扇子，汪汝谦拿出林天素赠送的帕子交换，被美人嘲笑了一番。醒后汪汝谦感慨万千，又写了首诗纪念这个梦。这件事被文学圈子知道，大家纷纷作诗吟咏，汪汝谦就把这些诗集了个册子，请大文人陈继儒题了册名，名《梦草》。这些晚明文人的柔情，可真不好懂。又过了几年，汪汝谦千里迢迢去拜访林天素，一路到了福州，没想到林天素已经搬到建宁，汪汝谦辗转半年才在建溪访到了林天素。这一路是他文学创作的高峰，那个思念之苦，那个离情别怨，反映得淋漓尽致。在建溪待了几个月，反正是怎么说也没有携得知己归，又只得怏怏回到杭州。这一个来回，就是一年多，以至于盘缠用尽，险些流落他乡。林天素也真是汪汝谦的红颜知己，虽然两人没有能够走到一起，但她为了能够让汪汝谦有足够的旅资，亲自画扇出售筹钱。

除了林天素，汪汝谦对待王修微也很不错。王修微是钱塘人，诗书画堪称"三绝"。她访慈山德清归西湖后，汪汝谦为其建"净居"以潜心礼佛，并为其筑生圹"未来室"。

汪汝谦对柳如是也很好。柳如是是秦淮八艳之一,才情出众,也很有个性。她年轻时即遭家变,身入青楼。14岁时与南明复社领袖陈子龙相好。子龙抗清战死之后,柳如是流落杭州。汪汝谦像个父亲一样照顾柳如是的起居,甚至还促成了柳如是与钱谦益的姻缘。这些青楼女史送了他一个雅号——黄衫豪客。

"黄衫豪客"的豪情体现在一个商人与文人女史的极微妙关系中。汪汝谦慷慨成为风流盟主的思想基础是希望以金钱来获得一定的社会地位;而文人愿意与商人结交也有借商人的平台来开拓自己交游空间的意图。只是他为青楼女史们支付旅途开销,帮助她们建立更广泛的交际网络这一做法的思想根源却无从解释,除非解释为文人根深蒂固的风流本性。

入清之后,汪家已经败落,汪汝谦还继续有"大哥大"的表现。他游历嘉兴时,曾经的文人、现在的饥客云集,汪汝谦卖了二十一分田地凑了资金作为聚会之资,虽然家道中落,他仍然是一个慷慨的金主。看下《儒林外史》,里面的穷儒士凑份子聚会时何等的拮据,汪汝谦这个文化赞助人真是大方之极。

顺治十一年(1654),汪汝谦又老又穷,他还做了最后一次护花使者。这一年,云间的女史张宛仙前来投奔。这时正是酷暑,张才女到了之后就中暑了。汪汝谦赶紧为其设置清供下榻。张宛仙睡着以后,汪汝谦看其睡姿美丽,特地让画师画了一幅《海棠睡未足》,还作诗吟咏,张宛仙醒来后,也作诗唱和。这一风流韵事马上上了圈内头条,一帮文人作诗唱和,钱谦益、李渔等也参与其中,成为西湖文化圈的一个新闻。

汪老爷子风流一辈子，不过很多时候还是很君子的，表现出对优秀女士的尊重与爱惜，所以女史画师林雪称其为"侠者"。在他 81 岁临终之际，他还获得了一块"风雅典型"的匾额。老爷子安然接受，非常受用。在今天看来，这风流的积极意义仿佛差了点意思。《敕修两浙盐法志》中记录的汪汝谦有着非常正统的威严面目，以"孝"与严谨事公务入书，丝毫没有提他的风流往事。

清代的郭嵩焘评论汪汝谦：因为他处在社会动荡之际，所以这种穷极欢娱的举动还有一些游心万物、不屑时事的高尚精神，未免也太拔高了一些。以金钱为基础争当风流盟主的行为似乎也不能得到文人圈发自肺腑的

仇英《清明上河图》中的书坊

尊敬。

现在看来，汪汝谦把物质财富投入到精神财富的生产之中，还是体现了一个富家后代的文化追求的。

三、商业化写作的陆云龙

常言说，"文章合为时而著，歌诗合为事而作"，但文学的下移使得大众文化的形式越来越完善。话本、拟话本，这些就是让大众能够看得懂的故事。到了明清以后，这种文化形式变得更为普及。杭州的文化人没有落后，赶着趟地把握读者动态，为市场编辑文字。

陆云龙便是其中的一位。

陆云龙生活在明万历至崇祯年末，祖上是海宁人，到祖父一辈已定居杭州。祖父时家境良好，但是到了陆云龙这一代，家产就仅有一亩之地了。陆云龙倒也能够发愤图强。他喜欢读书，知识面广，虽然多次参加科举，但都没有考中。官路不通，索性不考科举，而是发愤刻书，成为明清之际杭州颇为著名的出版商人。

陆云龙的出版也是编印发一条龙的，编辑部叫"翠娱阁"，有名的编辑就有冯元仲、丁允、何伟然等，都是作家、评选家与出版家，使得翠娱阁声名远扬。他为自己的出版社取了多个名字：峥霄阁、夷白堂、笔耕山房。为什么取这么多名？商业秘密，下面再说。

先说说陆云龙的出版业务。第一自然是畅销书籍。作为关心时政的文人，陆云龙通过文学手段创作了一系列切中时弊的作品，并且刊刻明末清初杭州的地方故事。比如说，明末时江浙一带很有名的知识分子团队复社，他们反对宦官魏忠贤,而且有许多具体的行为,如捣毁魏忠贤生祠等等。阉党覆灭后,陆云龙马上写了揭露魏忠贤的长篇小说《魏忠贤小说斥奸书》。这是一部白话长篇世情小说,但是查阅史料非常严谨,相当于是一部纪实体裁的文学作品。这部书从写作到刊行只用了9个月的时间,在崇祯元年(1628)八月就刊刻成书,畅销一时。

又比如说,明末时,杭州籍人士毛文龙出任辽东的一个总兵官,镇守军镇皮岛。这皮岛也太偏了,在后金与朝鲜可控的海域内。毛文龙基本上成了岛主。这个岛屿在军事上能否压制后金力量、起到防御前线的功效还真是不好说。当时毛文龙的上司是登莱巡抚袁可立。袁可立是支持毛文龙的,所以毛文龙也算过了段好日子。袁可立调回中央后立刻被卷入到上层争斗之中,不能顾及毛文龙。毛文龙呢,也有点恃功自傲、不拘小节,甚至面对前来阅兵的袁崇焕也不以为然。事件的发展有点出乎世人的意料,来到军营的袁崇焕在巡查了一番之后突然宣布了毛文龙的十二大罪状,并立刻诛杀了毛文龙。后来袁崇焕被杀,其中一条罪状就是杀了毛文龙。

对于毛文龙该不该杀,一直都有争议。基于地缘关系,杭州的文人圈子发表了极具倾向性的意见。陆云龙即时刊刻了《辽海丹忠录》,这是一部章回体时事小说,作者是陆云龙之弟陆人龙。小说把毛文龙作为正面人物来刻画,也很能体现当时的文化热点。小说情绪饱满,读来让人有酣畅淋漓之感。

陆云龙还深谙民间需求,出版了不少娱乐与休闲出版物,评点名家作品,提升自己的文化形象。他点评、编辑与刊刻的一系列文选类经典读物,包括《诗最》2卷、《文奇》4卷、《文韵》4卷、《书隽》2卷、《四六俪》

2卷、《小札简》2卷、《清语》《格言》合1卷、《游记》1卷、《词菁》2卷；汇刊《十六名家小品》32卷和《钟伯敬先生选注四六云涛》10卷，后来又选成《翠娱阁评选明文奇艳》12卷。

上面说陆云龙是三个机构、一套班子，除峥霄阁，他还主持了夷白堂与笔耕山房。后面这两个书局做的是小众与通俗读物。夷白堂刊刻过《图绘宗彝》，这是《芥子园画谱》刊刻前最好的绘画教程了。至于笔耕山房，出版的都是大众低端读物。陆云龙还真是替自己准备了两个身份。他以醉西湖心月主人的笔名编过《弁而钗》《宜春草质》，以西子湖伏雌教主笔名编过《醋葫芦》，刊印者就是笔耕山房。估计这些书市场销量不会差，但写作水平真不敢恭维，其内容取向也反映了晚明文化出版的一个侧面。

夷白堂刊本《图绘宗彝》书影

陆云龙的儿子陆敏树为老爹的商业成就做了一个总结，这就是《新镌启牍大乘备体》的序言《陆蜕庵先生家传》。商人的头脑毕竟精明，知道哪些该重点说明哪些需要忽略不记，所以编辑只提翠娱阁，刊刻者只有峥霄阁。

四、中国第一位"畅销书作家"李渔

李渔（1611—1680）也是以文人身份厕身商业运作的一个典型案例。

李渔是兰溪人，年轻时也曾入世为民，做了几件造福桑梓的事情。但人到中年时，遇到了一件不顺心的事，在家乡待着不舒服，在四十岁时毅然到杭州做了一位"杭漂"。

李渔寓居杭州，把自己的寓所取名为"武林小筑"，称自己为"湖上笠翁"，看得出他对杭州这个城市还是很有感觉的。虽然他在杭州待了七八年就移居南京，但是杭州确实给他带来很深刻的影响。仗着他的才情，他在杭州的文学圈很快有了名声。杭州是个大都市，在这里，有一技之长的找个工作还是容易的。李渔考察了杭州的文化圈子，决定做一个畅销书作家。

李渔的商业头脑还是很清楚的，在之后的出版生涯中，他把他的客户群分成三个层次：第一个层次是普通大众。既然要畅销，那么肯定要合乎大众口味。大众喜欢什么？无非是爱情故事与市井传奇。两者结合在一起，就要有自然主义的性爱描写、酣畅淋漓的讽刺与发泄、一波三折的离奇故事。他一发愤，数年间连续写出了《怜香伴》《风筝误》《意中缘》《玉搔头》等六部传奇及《无声戏》《十二楼》两部白话短篇小说集。在杭州创作的《无声戏》《十二楼》已经展露出李渔的文学才能，而且他找到了吸引读者的一整套方法，从题材的选择到故事情节的设计，再到语言色彩的调配，都考虑到商业的因素。一位"畅销书作家"诞生了。名气大了，上门的人就多了，杭州、苏州、南京多地的书商都翻印他的剧作。为了捍卫自己的利益，李渔还成了中国历史上第一个打版权官司的作家。

在出版传奇话本的同时，李渔还出版了一些与女性有关的出版物，如《千古奇闻》等，也积极支持了自己女儿们的文学创作。康熙十七年（1678），李渔刊刻了自己的词集《耐歌词》，书中有他与女儿的诗词唱和之作。

第二个层次是结交文学朋友，出版给普通大众用来学习，同时也能提升自己社会地位的各种文选。晚明时期，流行出版各种尺牍。尺牍就是书信集。看别人的私信，也不怕违法？但这就是晚明人的爱好。李渔出了个册子叫《尺牍初征》，这是专门收集名人书信的小书。他不仅编辑该书，还请名人评点，通过把自己与名流排列在一起的方法拔高自己的身份。概言之，李渔通过请人评点自己的文集，一方面加强了自己的文学声名，另一方面也对自己的关系网络进行了扩张，而不止局限于杭州以及浙江地区。评点文章成了社会网络构建的重要手段，李渔真要感谢这个商品意识高扬的时代。

第三个层次具有更高的立意。李渔要展现文化人商业化时代的精神世界，奉献文化精品。李渔的相关作品有两部，第一部就是《闲情偶记》，是一部专讲文人吃喝玩乐的闲书。你翻阅下明清时代的文人情调，从沈复的《浮生六记》、高濂的《遵生八笺》到李渔的《闲情偶记》，都有着这样的思路。之后的《芥子园画谱》其实也是这样的思路，力求达到高精水平。《芥子园画谱》是彩色套色印刷，逐一介绍各个绘画主题，同时有过程展现，这比之单色的《图绘宗彝》当然更胜一筹。要玩，也要玩得极致，"湖上笠翁"的名头响当当。

为了更好地打击盗版，李渔把家迁到侵权活动猖獗的南京，还真拿出了贴身短打的勇气。在南京，他设计建造了有名的芥子园。除了继续做出版家，他还想做一个演出商。老天可怜他，终于，他生命中两位重要的女性出现了，这就是他的两位妾兼演员：乔姬、王姬。一个女孩子，连名字也没有，只用一个姬字，这说明了这两个女孩子出身地位的卑微，况且，这两位妾还都是有钱的朋友买来送给他的。

《芥子园画传》书影

但是李渔慧眼识珠，认定这两位小妾是天生的演员，他亲自来栽培。两位小妾果然是有潜质的，不久就成了才。有了这两位台柱子，李渔便组织了一个家庭剧团，开始了全国"巡演"。说是巡演，其实就是到有钱人家里去演出，在当时有"打秋风"、吃大户的意思。在那个年代，艺术的尊严还是没有受到重视，李渔的身份是很尴尬的。在文人看来，这是一个没有法度的文人；而从商业角度看，他也不是一个合格的商人——商人吃苦耐劳的精神一点也没有体现。李渔自己是一个极度讲究生活品味的人，物质享受第一，这从他的《闲情偶记》就能体会到。他的家里更是妻妾成群，儿女一堆。而且李渔对家庭成员出场的要求也挺高的，装扮费肯定不低。

所以大家能够看到这样一幕家庭喜剧：早上，一群女人在梳头打扮，互相赏鉴，互相整顿衣衫，然后依次走到堂中接受检阅。堂中端坐着一老者，笑吟吟地看着他的妻女，高声说：我比张敞可幸福多了。张敞就是汉代那个替妻子画眉的老兄。堂中说话的老者就是一家之主李渔。这段时间，肯定是李渔人生最为幸福的时光，也是他从商最为顺利的时候。因为不久之后，乔姬、王姬就相继去世了，家庭剧团也就陷入瘫痪了。本来，李渔不治恒产，吃喝用度又大，财富来得快去得快。失去最大的收入来源之后，全家的生计就成了问题。因此等他再次来杭，基本上又成了破落户。他是卖了南京的别产，又卖了大小夫人们的首饰才得以迁回杭州的。

综上所述，李渔不是个成功的商人，但他是位成功的畅销书作家。由于剧本接地气，他的作品一直在民间演出：清代乾隆年间，李调元《雨村曲话》中说近世盛行《笠翁十种曲》。世多演《风筝误》，又像《比目鱼》等传奇，改编成为各种戏曲，比如秦腔、晋剧、京剧、川剧、越剧等,而且还流入日本与欧洲,李渔成为一位世界级的作家。

五、陈洪绶画"叶子"

陈洪绶(1599—1652),字章侯,号老莲,是明末清初的大画家。

陈洪绶从小学画,非常有才。据说他在杭州学府里看到李公麟的七十二贤石刻像,就花了十多天画了一个摹本,大家都觉得很像。陈洪绶一听很高兴,就接着又改。一改之后,大家说画得不像了。陈洪绶一听更加高兴,感觉自己技高一层了。陈洪绶当过一阵子首都高校的高材生,进宫观摩过历代帝王的画像,自觉画艺更加高超了。

可惜陈洪绶生不逢时,在他壮有所为的时候,明朝灭亡了。此后他一度出家,后来又还俗,一辈子多以卖画为生。

说到卖画,从明末开始,扬州出了"八怪",这些人倒是大大方方地卖画谋生。比如郑板桥,润笔标得可不含糊。陈洪绶的商业头脑没有那么好,他卖画就是为了解决自己的生存问题,本质上,他还是个极率性的艺术家。

有一次,陈洪绶客居杭州。杭州知府很喜欢他的画,所以想请他作幅中堂。陈洪绶可没有那么好说话,天赋是上天给我的,我想怎么用就怎么用,立即拒绝了。

知府很郁闷。这时,周亮工路过杭州,前来看望知府。知府一看周亮工上门,眼前一亮,因为周亮工是陈洪绶的多年好友,便心生一计。

知府让周亮工出面约请陈洪绶赴宴,打算在席中再商议作画之事。

周亮工很为难地答应了。

第二天,陈洪绶就接到周亮工的邀请,请他赴约赏画。

陈洪绶高兴地上了画舫。两人把酒欢谈。一路谈到赏画,周亮工含糊地说:此画就在兄台笔下。

这时,早已藏身舫上的知府走了出来,又约请陈洪绶画画。

陈洪绶大骂知府无耻,并且以死相拒。

知府只好作罢。

相较于对权贵的冷眼相对,陈洪绶对貌美女子却是来者不拒。

故事发生在公元 1620 年的春天。那时陈洪绶客居杭州,寄宿于定香寺。定香桥在苏堤的映波桥与锁澜桥之间,西接花港观鱼,是当时文人雅集的常去之处。陈洪绶正在西子湖畔的岳坟前游玩,面前一道粉色闪过,原来是貌美如花的名妓董飞仙骑着同样娇艳的桃花马,轻盈地出现在前面。董飞仙带着亲手剪制的质量上乘的生绡,乞求陈洪绶为自己画一幅莲花。

陈洪绶怎么会拒绝呢?

他带着创作的激情为董飞仙画了幅莲花,还将这段故事深深记在脑海。

许多年后，陈洪绶又梦到了这粉红的光影，于是又写了一首《梦故妓董香绡》："长安梦见董香绡，依旧桃花马上娇。醉后彩云千万里，应随月到定香桥。"

陈洪绶的率性，当然会时时让他陷入窘境，不过他丝毫不在意。

在历史上，陈洪绶最有名的商业作品就是画"叶子牌"了。

明末流行一种游戏，就是叶子牌，很像现代的扑克牌，朋友聚会时按照牌上的点数来做游戏。明代文人张岱很详细地说明了陈洪绶画叶子牌的经过。

张岱说，陈洪绶画《水浒叶子》一方面是因为他有

陈洪绶所画《水浒叶子》

才情，另一方面也是为了帮助朋友周孔嘉。周孔嘉家人多口多，时常处于贫穷之中，于是陈洪绶接了一个活，就是为游戏牌画一组人物，并把收入用来资助周孔嘉。他画了四个月，才画成了"水浒"一套作品，共画了四十幅。这些人物的造型、神情，传神地表达出了陈洪绶对于这些草莽英雄的情感，既有感情，又不落窠臼，梁山好汉们的形象焕然一新。

陈洪绶借方寸之地表达自己的思想，其商业行为当不只是为稻粱谋。因此，这还是一个奇特的艺术生命存在。

六、粲花室主人邵芝岩

"粲花室"的意思是种植着美丽花朵的房间，粲花室主人邵芝岩就是爱兰、痴兰的艺兰名家。当然，一般人更了解的是邵芝岩是"邵芝岩笔庄"的老板。

邵芝岩是慈溪人，清代同治元年（1862）在杭州建了"粲花室"，经营笔墨。店址在官巷口附近，取名"邵芝岩笔庄"。笔墨与兰又天然结盟，成为邵氏文房的特征。

先说邵芝岩爱兰的故事。

《兰蕙小史》中说邵芝岩有两株奇梅，一株叫雪美人，绍兴所出，"邵氏所植"。这种兰花的特色是花瓣中只有三瓣是淡绿色的，其他花瓣都是粉红色的，非常鲜艳。另外一株更是奇中之奇，就是绿兰"绿云"。而关于这株"绿云"，有更精彩的传说。

话说有一天，年轻的笔庄老板邵芝岩在留下散步，突然闻见一股幽香。抬头一看，一户人家檐下有一株兰花正在盛开。邵芝岩是艺兰高手，仔细一看，这株兰花真是奇特。兰蕙素有梅、荷、水仙三形，绿云为荷瓣，已经难得；花开并蒂，每朵花开可达九至十瓣，胜似真荷，更为难得。邵芝岩马上上前叩门。门中有姑娘发问，声音清脆悦耳，"请问门外为谁"？

邵芝岩自报家门，说明来意。

姑娘说："先生隔日再来，家中母亲不在。"

邵芝岩听这姑娘声音委实好听，就又问何时可见。

姑娘说："家中有些官司，恐怕只有等官司了结，母亲才可静心接待先生。"

邵芝岩一听就说："如果有事可来寻我，说不定能够给予帮助一二。"于是报了店名。

过了几日，果有一中年妇女找来。交谈之下，邵芝岩知道妇人姓陈，中年丧夫，带着一个姑娘过日子，因为住宅基地有些纠纷，正在与人打官司。妇女看到笔庄布置幽雅，花架亦有兰花陈设，知道邵芝岩是艺兰家，就说："如果先生喜欢，我愿意把家中兰花送给先生。"

邵芝岩大喜，说："您如果愿意割爱，我一定重金收购，您家的官司我也能帮您打点一二。"

邵芝岩果然帮助陈夫人打赢了官司。他准备了重金，选了吉日去迎取绿兰。

到了陈家，见陈夫人喜气洋洋的，门前不见了那盆兰花。正在诧异，听妇人叫："绿云出来。"只见一位

邵芝岩毛笔上的"芝兰图"标识

姑娘抱着兰花从后屋出来。真是位苗条素雅的姑娘，穿着浅粉的衫子，与幽兰正好形成了对照，更见明艳动人，巧的是，姑娘名字也叫绿云。

陈夫人说："兰花是姑娘于五云山中采得，又亏得姑娘照料，才有如此面目。"

邵芝岩喜道："原来姑娘也懂艺兰。"

故事的结局呢，是邵芝岩娶了绿兰姑娘为妻。

真是一桩美满的婚姻。

这个故事记载在《兰蕙趣闻》中，但是其他书中记载的版本就不太一样了，比如《兰蕙小史》只记邵芝岩从留下陈氏那里"以昂价得此"。不管怎样，有两件事是可以肯定的，一是绿兰出自杭州五云山大清里，是杭州独有的品种；二是邵芝岩是真的爱兰，重金索兰亦认为值得。当时就有杭州人作了首诗以记此事："粲花室主得偶然，对花终日意拳拳。绮石磁斗供养处，愿花长寿开年年。"

《兰蕙小史》编写者之一的吴恩元也是杭州人，他认为杭州人对兰是情有独钟的，不仅艺兰高手云集，而且艺兰家有定期召开比宝大会的传统。邵芝岩迎来了"绿云"，不只是陶冶情操，也绝对是一桩好买卖。艺兰世家传人胡孝岩就说过：我的父亲为了得到奇花绿云，特地骑马去杭州邵芝岩家，用1440银圆购得一苗半老之草，但是没有栽培成功；后来，绍兴诸友仁的翁婿金老高，又从杭州邵芝岩笔庄带来三株绿云，出价4400银圆，家母如数购入栽培，栽后当年抽发两株新草，分栽两盆，经多年养育，先后产出100余桩，分卖于人。

那时以一盆幽香会友赠友，是高雅的社交方式。

再说邵芝岩的笔，那绝对是毛笔中的翘楚。邵氏毛笔以"尖、齐、圆、健"四绝为特色，深受时人的喜爱。而邵氏毛笔的标识就是"芝兰图"。邵芝岩不止制笔，还精于看墨。现在的文房拍卖品中就有"粲花室选"、胡子卿监制的墨笏。胡子卿是制墨大师胡开文传人胡余德的孙子，道光年间生人。这说明，墨是制墨大师胡子卿的作品，而质量监管就是邵芝岩。

笔庄自创业以来，曾在南洋劝业会（1910）、巴拿马国际贸易博览会（1915）、美国费城世界博览会（1926）和首届西湖博览会（1929）等12次中外会展上获奖。1936年又进军上海市场，在上海打开一片天地。

文房玩意，邵芝岩玩得雅致而有情趣。

参考文献

1. 曹之：《中国古籍编撰史》，武汉大学出版社，2015年。

2. 陈虎：《汪汝谦研究》，安徽大学硕士学位论文，2012年。

3. 胡莲玉：《陆云龙生平考述》，《明清小说研究》2001年第3期。

4. 肖荣：《李渔评传》，浙江文艺出版社，1985年。

5. 徐小蛮、王福康编著：《中华图像文化史·插图卷（下）》，中国摄影出版社，2016年。

6.〔民国〕吴恩元、唐驼编：《兰蕙小史》，中华书局，民国十二年（1923）。

慷慨出资助文学

——鲁迅贵人蒋抑卮

1936 年 10 月 20 日。上午 10 时许。

上海胶州路万国殡仪馆,鲁迅先生的灵堂。素花环立,哀乐低吟,前来瞻仰鲁迅先生遗容的鲁迅亲友、学生以及市民等挤满室内。这时,走进来一位二十出头的青年,他敬献了"文章千古"挽幛,挽幛落款是"愚兄抑卮敬挽"。在场的人群不禁窃窃私语:"这位年轻人是谁?'抑卮'是什么人?没有听说鲁迅先生有这位兄长啊!"这位年轻人叫蒋世显,他是替生病住院的父亲蒋抑卮来敬献挽幛的。

蒋抑卮是民国时鼎鼎有名的金融家,也是文化爱好者、藏书家,一生中资助出版、捐创图书馆、设立奖学金无数,为中国文化事业做了不少贡献。他襄助文化的史绩,还多与鲁迅有关。青年鲁迅最早试水出版行业,就是蒋抑卮赞助的。

蒋抑卮赞助鲁迅出版的故事,要从 20 世纪初的东京说起。

一、富二代与落魄子弟在日本成了挚友

1902年2月,杭州"蒋半城"府上又出了件大事:蒋廷桂的二公子蒋抑卮要远赴东瀛求学了。说起"蒋半城"蒋廷桂,那是杭州鼎鼎大名的绸商,独占杭城丝绸业的半壁江山。不仅如此,蒋家还把生意做到了大半个中国,像汉口、营口、哈尔滨、青岛、苏州、九江等地都有分号,而且产品还远销南洋地区。蒋抑卮降生的时候,正是蒋家产业蒸蒸日上的时候。可以说,蒋抑卮是含着"金钥匙"出生的。

但是这位蒋家二少爷却不喜欢做生意,平时喜欢吟诵中国古典诗词,特别是对古文字学很有兴趣。蒋抑卮在私塾读书时就成绩颇佳,长大后,一考就考取了生员。蒋廷桂一看,喜不自禁,为这宝贝二儿子取字"一枝"。意思是说,蒋家世代经商,唯有他"一枝独秀",可以舞文弄墨。谁知蒋抑卮成年后却不愿考科举,喜欢以文学自娱,有点文艺青年的范儿。他喜欢日本古代作家吉

蒋抑卮像

田兼好的《徒然草》，尤其喜欢其中的警句与意趣。他还喜欢藏书，将自己的书房取名为"凡将草堂"。"凡将"是什么意思呢？这两字来自于《凡将篇》，作者传说是西汉时的司马相如，一般人还不知道。从中也可以看出他的学养来。他还求教于国学大师章太炎，成为章太炎的学生，从时间上算起来，比鲁迅师从章太炎还要早。

1895年结束的中日甲午战争，让中国人遭遇大变局，《马关条约》的签订更是奇耻大辱。痛定思痛，国人都认识到西方技术的重要性。一水之隔的日本，在明治维新之后，迅速发展科技，将西方的知识体系引入本土，迅速走上现代化之路。由此，日本成为西方文化的桥头堡。何不通过日本去学习西方文化？

落后是要挨打的。

读军校是当时青年的愿望，当时的青年学生非常希望通过强兵来强国。世界军事看德国，亚洲军事看日本。年轻人不走寻常路，蒋抑卮也不顾自己身体条件不好的事实，决定自费去日本东京上军校。不光是蒋抑卮，甚至像鲁迅也写信给弟弟说他想上的是日本振武学堂，振武学堂就是日本专门为中国留学生开设的士官学校。又过了几年，一位同样姓蒋的浙江学生也兴冲冲地去日本报考士官学校，这位学生叫蒋志清，后改名中正，字介石。

1902年，蒋抑卮28岁，他满怀期望地登上远赴东瀛的客轮。

两个月后，一位盘着长辫的瘦弱青年被派往日本留学。之前，他饱受了从丰盈之家堕入贫寒之家所带来的歧视与冷暖，脱离了那个时代所谓的主流道路，"走异路"、奔异乡，去寻求自己未来的道路。要知道，虽然清朝已到末路，科举的废除还是要到两年之后，但是家道中落，父亲早逝，家中有三个兄弟需要慈母拉扯，为了家庭，这位早熟的青年任凭远渡东瀛的海船将自己的未来托付给了未知的命运。而且由于家庭关系，他早已学会冷观世间冷暖，经常一言不发地看着周围的世态炎凉，自嘲地称自己为"鹰隼"。谁也不会料到，十几年后，这只冷眼看世界的"鹰"会以"鲁迅"的名字让世人长久记住他。但那个时候，他还叫周树人，是从绍兴台门洞里走出的平常青年。

两位绍兴籍的青年先后到达东京，但是两人的相识还有赖于另一位绍兴老乡许寿裳的牵线搭桥。

许寿裳（1883—1948），字季茀，号上遂，浙江绍兴人，1902年获得浙江官费资助，先在东京弘文学院学习日文，后转入东京高等师范专科学校就读，因此他与周树人是同学。但是许寿裳的社交能力显然比周树人强。留日的绍兴籍学生很多，但周树人好像并不热衷于交往，比如对同乡、革命家陶成章，鲁迅就不太亲近，还戏称后者为"不佞"。但鲁迅却与许寿裳保持了终生的友谊。

1903年的时候，出了一件很有名的事件，这就是"苏报案"。这一事件的缘起是章太炎先生在上海《苏报》上大谈革命，上海当局为此逮捕了章太炎与另一位革命青年邹容。邹容也是留日学生，也曾是鲁迅的同学。他写了一本《革命军》，振奋革命精神，在当时非常出名。"苏报案"传到日本，留学生们再也按捺不住爱国的激情，纷纷办刊支持国内的革命，《浙江潮》等刊物纷纷出刊。

《浙江潮》是浙江籍留日学生出版的刊物，最初由孙江东与蒋百里负责，许寿裳是编辑。办刊物需要钱，留学生的官费不高，所以办刊也需要募捐。这时正好出现了富二代蒋抑卮。蒋抑卮本身就是文化爱好者，又与青年学生志趣相投，因此马上同意，捐款 100 元出版《浙江潮》。这条信息，刊录在《浙江潮》第一期《〈浙江潮〉垫款记数》中，在几个个人出资的赞助人中，蒋抑卮是捐款最多的人之一。

许寿裳担任《浙江潮》编辑，常向鲁迅约稿。东京并不大，留学生的圈子更小，《浙江潮》出刊后，更成为留学生交往的媒介。赞助人、编辑、作者，又同是日文补习班的同学，就在这样的情形下见面了。这三个年轻人非常投缘，他们探讨最激烈的话题是：

一、怎样才是最理想的人性？

二、中国国民性中最缺乏的是什么？

三、它的病根何在？

为了讨论问题，三个年轻人在东京的小酒馆里常常聊到夜深。

快乐的日子总是短暂的。

1903 年，蒋抑卮知道了自费生不能读军校，所以只好改读经济学。仅读了几个月，蒋抑卮的耳疾犯了，重听得厉害。1904 年，蒋抑卮回国治病。在回国之前，他答应周树人做仙台医学院入学的经济担保人。周树人是官费入学，本来应该服从政府的安排。由于当时官费留学管理还不完善，他还能选择去仙台医学院。在仙台医学院"入学志愿书"及"学业履历书"（原件现存日本）中，"周树人"签名之下，均钤印"抑卮"两字的腰圆形名章。这是蒋抑卮终年随身携带之物，也是他从事银行、商务活动，涉及文书、款项往来的盖章，鲁迅与蒋抑卮当年交情之深厚由此可见一斑。

二、得了个阔气的外号"拨伊铜钿"

"拨伊铜钿"，这是句绍兴话，意思就是"给他钱"。多么霸气！多么任性！不知道鲁迅在给蒋抑卮取这个外号的时候对蒋抑卮怀着怎样的一份感激与欣赏。但这份感激是要在五年之后说出的。在两个人再见面的五年内，发生了许多事。

蒋抑卮这边，他一回国，就遇上了"苏杭甬铁路事件"。这件事的起因，要追溯到 1898 年英使窦纳乐向清廷请准由英商承造苏杭甬等五条铁路这一事件。消息一出，浙江民众大力反对。清政府为了缓和各方矛盾，批准浙江人可以自办铁路，特授汤寿潜为四品京卿，总理全浙铁路事宜。

汤寿潜到达浙江后，雷厉风行地推行自办铁路事宜。1905 年，江浙绅商 160 余人在上海集议，决定创设商办浙江铁路公司和江苏铁路公司，自行筹款筑路。两家公司分别认领了一段铁路，分别修建了沪嘉段和杭嘉段铁路。浙路公司的管理层中，汤寿潜、刘锦藻是正、副总理。1905 年 7 月，浙江铁路公司成立，汤寿潜鼓励商民集资，招得 2300 万元实收股金，集资资本之大，远超发起者的意料。随着认购苏杭甬铁路建设股票的实收股金源源不断增加，巨额路款的保管和利用就成了一个大问题。铁路公司先是将钱分存于杭州、上海的 30 多个钱庄中，但支取却相当不便。由于蒋抑卮的胞兄蒋玉泉与汤寿潜是儿女亲家，汤寿潜又听说蒋抑卮去过日本，所以很想听听蒋抑卮的意见。蒋抑卮便向汤寿潜建议开办银行。民间办银行绝对是件新鲜事，汤寿潜沉吟再三，决定听从

浙江兴业银行旧址

蒋抑卮的意见。这家银行，就是中国历史上第一家商办银行浙江兴业银行。

汤寿潜把开办银行的事交给了蒋抑卮。蒋抑卮说服了父亲，率先认购银行股权，有"蒋半城"为榜样，跟进的人就多了。1907年10月，浙江兴业银行在杭州正式营业，地址在杭州市保佑坊惠民路。因为身体原因，蒋抑卮没有担任董事长，但是他成为掌握银行的实权者之一。他为人沉稳，做事稳重，银行的业务发展很快。

1909年，两人再次见面时，鲁迅依然做着清苦的留学生，而蒋抑卮则华丽转身，成为新一代的银行家。

而且，两个人的再次相逢是非常偶然的。

1909年，蒋抑卮耳疾复发，由夫人孔继纯陪同赴日本东京就医。这时，鲁迅已离开仙台到了东京，在东京西片町十番地丙字十九号赁屋居住。东京西片町十番地丙字十九号原来是一位日本绅士的家，环境优美，庭园阔大，花木繁茂，由于地势较高，因此视野开阔。鲁迅与许寿裳、周作人、钱均夫、朱谋宣等五个人共同租住于此，因此此屋有了个雅号叫"五舍"。蒋抑卮与夫人到达日本后，先是挤在"五舍"里。后来，许寿裳在西片町十号找到一处新居，蒋氏夫妇才搬出去。虽然搬出，蒋抑卮仍常跑来与鲁迅他们聊天。因为都是新文化的爱好者，所以谈得兴起。个子小小的周树人常有惊人之语，而持重的蒋抑卮没有时时表示同意。周作人后来回忆，两个人谈得甚是相投。蒋抑卮不是一个附庸风雅的商人，确实很知道些古书，"很通达"。那时，鲁迅的话题已经明确地回归到文学上来了，而且目标就是进行文学翻译。

当时中国最有名的翻译家是严复和林纾。严复的译作是《天演论》，《天演论》是由英国生物学家赫胥黎的两篇论文演变而来。林纾的文学翻译作品就更多了，像《巴黎茶花女遗事》《迦因小传》《大卫·科波菲尔德》等。林纾不识外文，先请懂外文的人译出大概，然后自己运用一支妙笔，不断生花，将西方场景中发生的

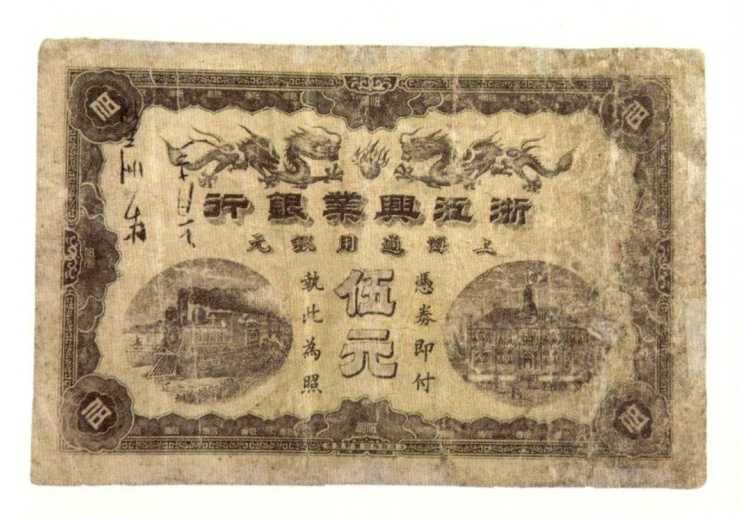

浙江兴业银行票据

故事化成中国人能够接受的情节，——搬上中国的文学舞台。所以林纾的润笔要比别人高，因为他还要付翻译费。鲁迅在国内读书时喜欢就着花生米看《天演论》，认为这是人生美事。直到在东京读书之后，鲁迅才在赫胥黎的基础上知道了达尔文的进化论，而且严复在翻译中追求的"信、雅、达"风格是当时鲁迅不太看好的。对林纾不懂外文转手而就的翻译做派，鲁迅也有点腹诽。鲁迅翻译的用意是将弱小民族的文学翻译过来，启蒙中国人的爱国精神。为此，周氏兄弟已准备好几篇译稿，准备在《新生》翻译一栏刊出。虽然《新生》没有出版，但是兄弟两人的译稿还在。

提到翻译，鲁迅旧事重提，又讲到了《新生》杂志的译稿。详谈之后，蒋抑卮"大为赞成，颇意借钱印行"，一声"拨伊铜钿"应口而出，这对引入新知的鲁迅是极好的物质与精神的资助。

在蒋抑卮的资助下，1909年旧历二月，《域外小说集》第一册出版；旧历六月，又出版了第二册。两册共收小说16篇，鲁迅翻译安特来夫的《谩》《默》与迦尔洵的《四日》这3篇俄国作品；其余13篇是周作人翻译。鲁迅专门写了《序言》，介绍了刊印小说的初衷。但是鲁迅当时虽然从事编辑工作，还算不上是个很好的出版家。蒋抑卮出资150元，印刷了《域外小说集》第一册1000本，第二册500本。两种小说，找了两家店分销，东京是群益书社寄售，而上海放上海广昌隆绸庄寄售。群益书社的主持人陈子沛、陈子寿也在留日攻读教育学，所以将销售处放在群益书社是合适的，而上海寄售处就是蒋抑卮的企业。绸缎庄里卖小说，这哪跟哪啊？

鲁迅想得非常美好："当初的计划，是筹办了连印两册的资本，待到卖回本钱，再印第三第四，以至第X

册的。如此继续下去，积少成多，也可以约略绍介了各国名家的著作了。"以书养书，想得很丰满，但是现实却非常骨感。半年下来，东京的销售情况是：《域外小说集》一集才卖出去 21 本，第二集出售情况差不多，总共出售了 20 本。绸缎庄里的书，后来移到了杭州蒋广昌绸庄以及蒋抑卮在上海范园的凡将草堂藏书楼。1920 年，出了名的鲁迅有了重版《域外小说集》的条件，他还是对这段往事刻骨铭心，也对这个道路并不相同但却慷慨出资的"故家"充满感激。

这里还有一段小插曲。蒋抑卮联系好耳鼻咽喉的专门医院后，很快就进入医院治疗。主刀的是院长本人，说起来医术一定不错，哪知手术引起了丹毒。丹毒的症状是高热说胡话，因为症状看上去很严重，所以鲁迅多次去医院探望，蒋抑卮也对着鲁迅说胡话。有一次蒋抑卮说周作人这个人很高傲，把自己当成一头仙鹤，鲁迅就为周作人取了个外号叫"都路"（仙鹤日文发音）。

《域外小说集》封面

周作人听了觉得很有趣,后来也署笔名叫"鹤生",这个典故也是因为蒋抑卮的缘故。至今仍有一张照片传世:耳与脸都包裹着纱布的蒋抑卮侧卧榻上,鲁迅等一群朋友或环立,或坐于周边,态度都十分严肃。这是当时诸留学生去医院探望蒋抑卮时拍摄的。

三、身在商场,心系文化

回国之后,蒋抑卮涉足银行业,工作是非常繁忙的,1908年,兴业银行在汉口、上海设立分行,蒋抑卮参与其中。1909年,蒋抑卮正式顶替其父进入董事会。商场如战场,虽不见刀光剑影,但也是惊涛骇浪不断。但是蒋抑卮的身体一直不是很好,而且他也有点口讷,不愿出头露面,因此都在幕后维持银行的运营。汉口、上海、杭州三行处于辛亥鼎革的中心地带,也见证了当时金融业的大动荡。

1911年10月10日,寓居上海的蒋抑卮被一通电报惊呆了。电文中写:"湖北民军于昨夜12点半在武昌起义。"战乱时分,民众必然想到银行兑出现金,这意味着汉口分行必然会面临挤兑风潮。蒋抑卮一边电告杭州总行,一边召集上海董事开会救汉口分行,抽调各地现金赴武汉救急。12日夜间,汉口、汉阳大火,局势更加混乱。13日,武汉的各家银行、银庄关门,这一现状,又被误传为兴业银行汉口分行倒闭。谣言往往成为压倒骆驼的最后一根稻草。谣言不胫而走,马上传到杭州。多米诺骨牌开始倾倒:杭州的挤兑风潮迅速蔓延,杭州总行的现金储备告急。

蒋抑卮清楚地知道,如果不能快速稳住局面,那么离银行倒闭也就不远了。为了稳定市场,蒋抑卮一方面请诸位财董快速融资,一方面又去官方借银,并调用家中钱银补充银库。为了让民众放心,他关照家人,一定要挑担走热闹的街坊,让大家看到兴业银行的现金流是非常充足的。从14日开始至18日,兴业银行丰厚的现金储备让百姓安下心来,挤兑风潮稍有平息。

但这时,沪上银行又告急。因为汉口商民离汉到沪,要求浙江兴业银行兑现。虽然多方借款,但是现金储备还是几乎告罄。10月底的一天,两位绅士匆匆求见兴业银行众董事,这是信成银行与其他另一银行的代表。由于挤兑,两行已不能支撑局面,所以请兴业银行也能够一起休业。来人走后,兴业银行诸董事围坐会议桌边,个个眉头紧锁,库存仅有3万余元,能不能支持一日,真很难说,各个财董也已几乎倾囊而出了。休业还是营业?真是难事。

这个关头,一向不善言辞的蒋抑卮发言了:"诸位财董,银行能够维持久远,必取信于市。开门营业,尚有一线生机,倘若今日休业,那么必无再兴之时,诸公深思。"这时,维持秩序的警察也上楼来问讯是否正常营业。蒋抑卮斩钉截铁地回答:"开业。"他的语调虽不高,却让大家吃了大大的一颗定心丸。吉人自有天相,这一天,董事局中真有人挪来大批现金。虽然前来兑现的人数众多,但由于业务办理正常,营业厅里井然有序。

但是蒋抑卮暗中紧张至极。眼看库金不多,而人流如故,如此下去,局面真的很难维持。但作为银行的主心骨,他不能乱了阵脚,便一方面安定人心,一方面继续设法筹措现金。

事件出现了转机,到了11月初,杭州光复。汤寿潜成为浙江军政府第一任都督,政府的军费通过兴业银行发往沪上,这样一来,大大解决了兴业银行的资金缺口,持续月余的挤兑风潮就这样平息了下来。

进入民国后,蒋抑卮在北京筹备开设浙江兴业银行北京分行。而在1912年春,鲁迅再次受蔡元培先生的邀请赴南京教育部任职,4月迁往北京。从开始筹备到1914年浙江兴业银行北京分行成立,1915年天津分行成立,蒋抑卮频繁往来于上海、北京之间。从1912年起,《鲁迅日记》里开始出现蒋抑卮的名字。1912年9月14日和29日的两则日记中写下了"蒋抑卮来"。之后,从1912年4月至1926年9月4日鲁迅因"三一八"事件被迫离京赴厦门任教,这十余年间,在《鲁迅日记》中写下与蒋抑卮在北京往还的信息计39条(日记总共写下与蒋抑卮有关的往来信息42条)。尤其在1915至1919年间记下"夜""晚""下午""午后""上午"等不同时间"蒋抑卮来"达19次,其中,"夜""晚"蒋抑卮去鲁迅住处有12次之多。能够自由来往鲁迅家中,说明他们的交情是很好的。鲁迅的日记中记载了鲁迅致蒋抑卮的信或留笺6件,蒋抑卮致鲁迅的函亦有5次,可惜这些文字均已湮灭。

经历了大风大浪,沉稳的蒋抑卮更为沉迷中国古典文学的经典。他的"凡将草堂"收罗了大量的藏书,尤其是那些深奥繁难的古籍。初到北京的鲁迅告别了自己的青年时代,也看清了自己"绝不是一个振臂一呼应者云集的英雄",因此这一段时间是他生命中最晦暗的时刻,他的业余时间大多用在了辑佚、校勘古籍上。正因如此,蒋抑卮与鲁迅的交往进入了新的阶段:不只是赞助与被赞助的关系,而是有着共同的爱好与话题。两人彼此来往,还互赠作品,继续双方在中国古典文化上的神交。1915年1月21日,鲁迅送蒋抑卮《百喻经》和《炭画》各一册。1917年1月5日,鲁迅往兴业银行访蒋抑卮,坐少顷便同至蒋家。蒋抑卮拿出唐《杜山感兄弟造象》送给鲁迅。

这部拓本，蒋抑卮花了几千元从陕西买下。当时的几千元是什么概念？鲁迅在北京阜成门内西三条胡同买了个四合院，花费是 800 元。蒋抑卮赠鲁迅拓本，那是宝剑赠英雄，不吝将自己重金收藏的古拓本赠与鲁迅做研究，这份情感是很可贵的。

而最值得一讲的，是蒋抑卮协助鲁迅校勘《嵇中散集》。在所有的《嵇中散集》中，现在仍公认鲁迅的校本是最有价值的。鲁迅从 1913 年起开始校勘，一直到其去世仍未出版，可见鲁迅是以非常慎重的态度对待这一古籍的。

画面转到 1915 年 6 月的一天。

蒋抑卮来到鲁迅的住所，发现鲁迅在校勘《嵇中散集》。嵇中散就是嵇康，因为曾做过中散大夫，所以后世称"嵇中散"。据传，嵇康祖籍会稽，其先人因避仇而迁于谯之嵇山下，因改姓为嵇氏。蒋抑卮与鲁迅共同的老师章太炎也是非常推崇嵇康的。鲁迅认同嵇康，不止是嵇康骨子里流着会稽的血，而且对嵇康的为人也很景仰。嵇康身为曹魏宗室的女婿，与当时司马氏的政治集团持不合作态度，才情既高，风骨亦坚。

蒋抑卮看到鲁迅书桌上摊放的是明代吴匏庵丛书堂写本的集子，还有《北堂书钞》《艺文类聚》等类书中的文字摘录。两人开始谈论嵇康。嵇康对后世文人气质的养成，确实是大值一书的，对鲁迅而言，"鲁迅之师事于太炎先生，并因此而追踪嵇康，仿佛是由于一种生命的神秘机缘。由于这种生命的机缘而激发和形成的一种独特的精神氛围，以后便逐渐弥漫、充塞于鲁迅的心灵空间，直到鲁迅生命的消失"。而蒋抑卮皈依佛门（杭州灵隐的"静观众妙"四字就是蒋抑卮所书），喜欢有灵性的文句，也对嵇康很有好感。但是《嵇中散集》却散佚颇多，离原貌越来越远。鲁迅想做的事情，就是找到比较好的版本对照参校，做出一部最接近原版的《嵇中散集》。

但是当时找不到好的版本，所以鲁迅很遗憾："可惜了，中散遗文，世间已无更善于此者矣。"蒋抑卮说："虽然，仍可以用功。"蒋抑卮提出，自己私藏有黄省曾刻本的抄文《嵇中散集》一部，共两册，版面清晰，可作参照。说到做到，1915年6月5日，蒋抑卮即把此书捎给鲁迅。同年7月15日，他又托银行同事蒋孟𬞟先生把珍藏的明刻《嵇中散集》一卷带给鲁迅。鲁迅马上用这两个本子作参考，参校了一遍成稿。一直到1935年，鲁迅始终在进行《嵇中散集》的校勘工作。他校勘的版本有十多部，蒋抑卮提供的两个版本质量是最好的。

这份跨界的关怀还是让鲁迅感怀的。1927年10月3日，鲁迅在上海定居。安顿初就，他便于10月11日冒雨去浙江兴业银行访蒋抑卮。不巧，蒋抑卮已去汉口分行，没能见到。20世纪30年代以后，蒋抑卮因犯胃病，深居简出。1936年，鲁迅去世前3个月，蒋抑卮前往看望了鲁迅。这时，距离日本的初次见面已过去了20多年。蒋抑卮因为胃病发作，想到莫干山休养，便在这次会面时劝鲁迅，有病可以去日本治，不能拖；不然也可以跟他走，去山中静养。鲁迅拒绝了。这是两人最后一次见面。

四、隐入历史的史实

鲁迅去世后，蒋抑卮找到了鲁迅的遗孀许广平，表示愿意出资出版《鲁迅全集》。因为当时鲁迅的作品有些并未被解禁，因此全集的出版工作被搁置起来。由于日寇的入侵，国民政府迁都重庆，上海的出版环境略有好转，《鲁迅全集》的出版就提上了日程。当时承担这项工作的是"复社"，蒋抑卮再度出资，捐助促成《鲁迅全集》出版。全书于1938年8月出版，"复社"将箱装的由蔡元培题字的《鲁迅全集》（纪念本）一函二十本赠送给蒋抑卮，编号为"第七九号"。

其实，不只资助鲁迅，蒋抑卮还对上海公众图书馆的建立颇为尽心。在他临终时还立下遗嘱，要赞助5万元给合众图书馆购买藏书，同时也把自己的藏书分了很大一部分捐给图书馆。

在现在杭州市的中山中路清泰街口，有一座漂亮的楼房，这就是浙江兴业银行当年的营业大楼。这座房子中西合璧、别具风格，曾经是杭州的标志性建筑。历经八九十年的风雨考验，这栋大楼仍安如磐石地屹立在十字街头。

蒋抑卮这个名字随着岁月流逝慢慢淡出人们的记忆，但是蒋氏家族仍为浙江文化做着贡献，从兴办丝绸业到捐助文学再到掌管金融，最后定格在教育赞助。2018年，浙江理工大学获蒋氏后人捐赠100万元，设立"蒋抑卮先生教育基金"，即是一份明证。后人称其为儒商，其实在蒋抑卮身上，我们可看到的是中国文化精神的延续，在商人身上延续的文脉。而他与鲁迅的交往以及慷慨相助，也是他文人理想的另一种实现的途径。

参考文献

1. 周作人：《周作人谈鲁迅》，北方文艺出版社，2014年。
2. 许寿裳：《亡友鲁迅印象记》，岳麓书社，2011年。
3. 韦力：《书楼寻踪》，河北教育出版社，2004年。
4. 郦千明、郦碚：《江南儒商蒋抑卮》，《检察风云》2012年第23期。
5. 蒋世承：《蒋抑卮与鲁迅的交往》，《读书文摘》2011年第4期。
6. 叶景葵：《在蒋抑卮先生追悼会上演辞（1940年12月29日）》，载《叶景葵文集》（上），上海科学技术文献出版社，2016年。

"崇文舫课"一道景
——商人子弟学校记

杭州有四大书院，分别是敷文书院（今万松书院）、紫阳书院、诂经精舍与崇文书院。崇文书院的来历最有传奇色彩，是以商辅学、以学助商的典范。通俗讲，就是杭州专门为外籍盐商子弟创建的高级民办学校。

一、巡视浙江盐政的御史申请了一个奇特的户籍

历史上一般百姓的户籍称"民籍"，当兵的有"军籍"，周时有了"乐籍"，是西周时创立的，就是把犯罪人的妻女没入奴婢。"乐籍"是"附籍"的一种，用今天的话说就是外地人的临时户口。"商籍"的历史没有那么早，是明清以后才有的。顾名思义，"商籍"就是商人的户口。它也是"附籍"的一种，具体是指明清时期的商人如因经商而留居其地，其子孙户籍得以附于行商之省份。有了户口，才能应试。就像现在，高考学生必须在户口所在地高考。这一点，中国的传统倒是一直保留下来了。但不是所有商人都有"商籍"，因为这个"商籍"最早是由巡视浙江盐政的御史叶永盛向朝廷争取来的。

叶永盛，字子木，号玉城，安徽泾县人，万历十七年（1589）进士，后擢御史，巡视浙江盐政，府衙在杭

州。当时杭州的盐商，人体来自山西、陕西和安徽，行商发达后，他们往往举家迁居杭州，属于"新杭州人"。虽然有房有产，但是却不能"购房入户"，而当时政府有规定，没有户籍的子弟，是不能进入杭州府学读书的，更无法参加乡试。这对商人的子弟来说是不公平的。嘉靖年间，浙江商人蒋恩就提出过这个问题，当时总理两淮、两浙等地盐政的左副都御史鄢懋卿认为可以比照前例，将户口归附在民籍之中按比例录取。这虽然解决了一些问题，但是对日益壮大的商人群体来说，这样的设置还是不尽合理。到了明万历年间，在杭州的徽州商人人数就更多了，徽商中还有不少有志于学业的，比如商人吴宪、汪文演等，功课很好，因为户籍不在杭州，所以不能参加杭州的科考，但是经商之人回原籍参加考试又不方便，所以错失求得功名的机会，心里非常憋屈。两人请求同为安徽人的叶永盛解决这个问题。

叶永盛非常理解盐商的心理。不仅理解，而且从内心来说，他对商人还是支持的。他曾经顶着巨大的风险，对抗浙江忠义右卫百户高时夏，先后五次上疏给万历皇帝，为商人争取权利。当时朝廷少钱，高时夏就下令提征税银，叶永盛扛着压力，硬生生将税银从 15 万两减少到 2.6 万两。这些银两，不只是个数字问题，它为恢复地方经济夯实了基础，也为商人讨来了公道，让商人获得继续奋斗的信心。可见作为一任地方官吏，叶永盛的眼光比那些依附权势、只知搜剥民脂民膏却不干实事的宦官们深远得多。

此次接到商人的建议，他又义不容辞地向朝廷奏议，要求给盐商另置商籍，等同落户，允许商人子弟在寄居地方参加考试。他提出的理由是杭州外来人口多，而且对杭州经济贡献很大，但是没有受到同城待遇。科考就是明显一例。如果只按民籍人口比例来录取，商人子弟录取的绝对数太少。如果商人子弟都要回原籍参加考试，由于父辈都已定居杭州，也不合理。所以能不能单独设立一个商籍，设定录取比例，这样对商人、对地方居民都是有好处的。朝廷一听，有理啊，这个奏议得到了批准，从此，盐商的子弟和浙籍学子一样拥有了在杭读书参加科举的权利。万历二十八年，"商籍"得到了认定。

叶永盛维护商人权利的作为获得了在杭商人的认可。三年后他调离杭州，杭嘉湖三地的商人共同为他建造生祠。建造生祠是对人尊崇的表现。明末有个宦官魏忠贤，号称"九千岁"，就比天子少了"千岁"，他的党羽就到处为他建生祠。在杭州，魏忠贤的生祠就建在崇文紫阳书院边上。商人吴宪（出资建崇文书院）非常愤怒，让自己的儿子和儿子的同学一起将魏忠贤的雕像丢入粪坑，把魏忠贤的生祠也拆了。因为这件事，吴宪锒铛入狱，直到崇祯即位，魏忠贤被治罪，吴宪才被释放，商人的血性在这一事件中显现无疑。同样是建生祠，叶永盛就得到了广大商人的爱戴，因为他知商、惜商。作为良吏，叶永盛非常清楚商人在社会中的积极作用，因此才会选择与商人站在一起。

二、崇文舫课

争取到了盐商子弟应试的权利，叶永盛还借来前吏部尚书张瀚的别墅作为讲院，为盐商子弟办起了学校。这座学堂，就是后来的"崇文书院"。张瀚是明代嘉靖年间杭州人，因为与张居正执不同政见，他辞归故里，卜居烟水矶。他自己写了副对联："敢谓身闲遗物累；只将心赏寄烟霞。"对联描绘了烟水矶一带的风光之美。

崇文书院与万松书院不同，它走的不是高端研究路线，不是现在西湖大学的建制，更像是那些外地务工人员子弟学校。书院由三位徽州盐商投资，他们是程绍文、汪文演与吴宪。这些商人也有不凡的文化造诣：程绍文，字暗然，号鹤峰，祖籍安徽，居于西塘，曾与另一商人学者汪汝谦论道明理，自己还写了《鹤鸣集》《程子类纂》等书。汪文演与吴宪是商籍的首倡者。吴宪自己没有能够参加科举，但是教子有方，四个儿子皆能成才，说明他不是一个眼中只有财物的商人，在毁魏忠贤生祠事件中也体现出他的嫉恶如仇。

叶永盛既设学堂，在公务之余，他也为学生授课。

从地理位置来看，这座讲院在城外水边，因此学生多由水道而来。明万历年间，西湖跨虹桥西，烟水矶一带的水面上，出现了这样浪漫的一幕：

清晨清丽的日光下，初夏的莲花含珠欲放，荷叶上滚动着珍珠般晶莹的水珠。烟水矶旁站立着一位长者，他眯着眼望着笼着薄雾的水面。一会儿，烟波之上出现几条小船，孩子的欢声笑语也传到岸边。"叶先生好！"看到长者，船上的儿童都高声招呼。船只轻盈地划到岸边，躲藏在叶下的水鸟惊醒了，一声悠长的鸣叫后，白色的水鸟张开翅膀在水面掠过，它美丽的身影又引来孩子们的欢叫。

"好了，好了。开课了。"这个被称为叶先生的长者审视面前的小船，孩子都到船头听他吩咐。长者轻轻地道出一道题目，孩子们争先恐后地说："记下了。"只见一条条小船又划向水面，人声与桨声，隐入薄雾之中。

一个时辰之后，薄雾散去。荡漾在明丽阳光中的，是垂柳的倒影。荷叶在微风中摇曳。岸边的课椅已经放好。长者稳稳坐在条案之后，案上笔墨毕备。一旁的书僮吹响哨角。长者放眼望向湖面,只见从花荫深处又闪出小船,孩子们的欢叫声音打破了静寂,由远及近传来。船只划到岸边,孩子们跳到岸上,一一入座。他们从小包里拿出刚完成的文稿,按序上前。长者轻理髭须,阅读文稿,面批等级,一一评析。

这位长者就是叶永盛。这一番场景被称为"崇文舫课",多年以后,它成为杭州四十二景之一。

三年后,叶永盛任满离开杭州,继任的巡盐御史左宗郢、方大镇为书院命名,是为"崇文正学书院"。这所书院,应该是在吴宪所建的朱熹祠以及叶永盛生祠的基础上扩建起来的。

因为崇文书院不属于官学系统,是所民办的具有夜大性质的学校,因此所有的支出与经营维护都需要由校董们支付。校董就是巡盐御史和盐商。虽然主事者为政府官员,但出资者多为商人,商人实际上承担了书院的维修与运营之职。其中,首倡商籍、创立书院的吴宪具有极高的地位,算是第一任校董会主席,以后书院进行公祭,都是由吴氏家庭后代带领执行的。这些校董中,较为有名的还有吴观陞、胡兆德、潘世光等。

崇文书院后来的教席仍由盐官兼职,许多当地官员,像巡盐御史左宗郢、杭州知府孙昌裔等均来讲过学。学院还外聘了大儒鸿学上课,其中也不乏商籍学者,比如明代就有汪之琦等"商儒"。汪之琦是个大盐商,精通业务,在商界也是执牛耳的人物。一旦业界有了疑难问题,起了摩擦纠纷,都来找他解决。他呢,一捋胡子的当儿就把事情解决了,而且让当事人心服口服,真正的有能力、通人性。同时呢,他还精通医术,文化素质又高,写了许多书,有点小小的癖好,爱搜集时人的书信,编了个册子叫《鸡窗尺牍》。鸡窗,即书窗,书斋。晚明文人的一大爱好是搜集书信,特别是名人的书信,既有卖点,又有市场,还满足窥私心理,这也是晚明经济发展后社会心态的自然流露,像汤显祖、陈继儒、王世贞、袁宏道等,一大批文化大咖都爱干这事。汪之琦是个文人,有这风雅情趣,也不知道他在上"崇文舫课"时有没有顺便"秀"一下搜集书信的成果。

斗转星移,"崇文舫课"曾一度衰颓,但最终还是坚持了下来。清康熙年间,盐商汪鸣瑞上书,认为两浙商籍入学没有定额,于管理不便,所以要规定名额,另外提出要坚持"舫课"。学政就规定了招生的规模。康熙四十二年(1703),两浙都转运使高熊因为崇文书院离城区太远,念书不容易,所以又在城中紫阳山脚另建了一座书院,地址在现在紫阳东南的凤山门内。至此,与商人相关的两座书院出现了,分别是"正学崇文书院"和"紫阳书院"。

崇文书院旧址

在授课形式上，崇文书院保存"舫课"的特点，一般授课分成了"遥课"与"面会"两种。"遥课"就是布置个题目，学生各自完成；"面会"就是当面交流。因为人多地狭，所以"面会"仍以"舫会"为主，选个好日子，划条小船到湖中见面，讨论文章，交流心得，非常特殊。"崇文舫课"名气越来越大，清康熙四十四年（1705），康熙皇帝南巡，亲幸这个书院，并题写了"正学阐教"和"崇文"两块匾额。于是，一个外地商人子弟学校，就有了与其他三大书院相颉颃的资本，成为浙江四大书院之一。

一所民办学校，一路走来颇为不易。在崇文校史记录中，校舍坍塌、经费困顿也是平常事。每当书院遇到经济危机，就有盐官的慷慨捐俸，也有盐商们的踊跃筹款。雍正十一年（1733），"崇文书院"换了新颜。当时的盐道张若震看到校舍墙体剥落、教室紧张、桌椅缺少等情况，下令重新整修书院：修缮校舍、添加教学设备、增加学生宿舍、修建食堂，学校焕然一新；同时提高了老师待遇。这样一来，子弟学校初具规模，每个月来听课的学生达到三四百人，教师的积极性也大大提高了。

后来，崇文书院毁于战火，同治年间又重建，书画家陆光祺为书院题了副对联："青鞋布袜从此始；湖月林风相与清。"点明了书院的特征。还有一副是章鋆的对联："大庇寒士皆欢颜，欣夏屋重开，纵观地有湖山美；净洗甲兵长不用，听和声共谱，鸣盛文成雅颂音。"书院的盛况由此可见。

在清末光绪年间，一位身材矮小、貌不出众的海宁青年来到崇文书院。这位青年的父亲望子成龙，专程把儿子送到崇文书院镀金。因为当时读了崇文书院，就有乡试的资格。这个青年叫王国维。但是当时社会已经发生了巨大的变革，西方的教学理念影响着中国社会，年青的王国维不再满足于在古文堆里伏首攻读，而是希望以西方科学的态度重新学习中国的传统文化，所以没有几个月，王国维就退学回家了。王国维成名后，还回到崇文书院讲过学，成为另一段佳话。

现在我们对崇文书院的评价是："这种教育模式开创出一种亲近自然、自由而开放的教育精神。"叶永盛当时的创新当然没有这样的教学理念，他只是因地制宜、随地应变。

而商人捐资兴学，也形成了商学之间的新型合作关系，推进了浙江的学术与文化的发展。

参考文献

1.〔清〕阮元编：《钦定重修两浙盐法志》第二十五卷，清同治十三年（1874）刻本。

2.汪庆元：《维护商民利益的叶永盛》，《安徽省委党校学报》1987年第3期。

3.欧明俊：《明代尺牍的辑刻与传布》，《古典文学知识》2018年第4期。

4.唐丽丽、周晓光：《徽商与明清两浙"商籍"》，《安徽师范大学学报（人文社会科学版）》2011年第3期。

第四章

包容开放

古杭商道 **HANGZHOU**

包容开放意味着流动、交融与和谐，它是富足与自信的结果，也是进取与发展的基础。杭州商业的发达，得益于包容开放的商业精神；反过来，包容开放的商业精神，更推动杭州商业的发展。

本章从三个角度来讲述杭州历史上的商业氛围。

第一部分描绘了南宋形形色色的商人面目，展现了南宋社会的经济活力。

第二部分选取了外族人的视角来展现杭州的面貌。通过他们的视角，我们能够领略历史上杭州的富足与繁华。

第三部分切入到南宋杭州的现场，体会商业城市中市民生活的便利，领略开放包容的商业氛围带来的实际效果。

临安市上多商人
——杭州商人立体扫描

杭州孤山楼外楼餐馆的一楼大厅后侧有一座雕塑，塑的是一位身材苗条的渔家女，手里提着渔篮。这位女子，就是餐饮史上有名的大厨宋嫂了。她的拿手菜是鱼羹，当年宋高宗亲自光顾了她的买卖，吃了一碗她亲手调制的鱼羹。

这一吃，吃出开封口味来了。这不是我老乡吗？这不是我家乡菜吗？

一碗鱼羹，勾起高宗浓浓的怀乡情结，不禁发出一声感叹。

历史上，宋嫂确有其人，有一个叫袁褧的宋代人，写了一部《窗枫小牍》，书里记载，宋嫂是他们家一个苍头（即奴仆）的妻子，叫宋五嫂，会做一手好菜。宋室南迁以后，宋五嫂就开始经营一家在钱塘门外的小店。皇帝与她做的这个小买卖，也算是成就了一家网红店。

皇帝怎么会出宫来消费呢？

这先得说说南宋的特殊。

临安是宋王朝偏安时的中央所在地。赵构刚到江南的时候，皇家服务人员已经很少了。"靖康之变"后，金人把宫廷里的各色人等都掳掠了个遍，嫔妃宫女和宫中有才艺、有手艺的全带到北方去了，以至于南宋宫廷的乐队等机构人员都一时凑不足。并且南宋朝廷一开始也不敢过于奢侈，还一直想着北伐，不甘心把都城定在南方，所以皇宫也是在定都几十年后才扩张大建的。

南宋皇宫的服务人员相对北宋少多了，在这个大背景下，皇帝也需要从民间服务中找补缺口。文献上说，皇帝过生日、太后过生日，需要到民间物色表演班子。皇族有时候想吃一口特别的，也会到民间去找吃食。《武林旧事》记载，有一次太上皇留宋孝宗吃饭，就到市面上点食，要了些李婆婆杂菜羹、贺四酪面、脏三猪胰、胡饼、戈家甜食等菜，也算是老人思乡情结的体现。皇帝一旦招小贩进宫，还会赏赐金银钱财。当然，这些物质激励的作用也许不大，重要的是皇室把杭州商贩们的荣誉感全给激发出来了。小商贩也对自己的要求也特别严格，每天按照国家礼节要求约束自己，打扮整齐，举止得体，希望能够有机会亲睹皇帝面容。事实上，杭州整个商人群体的素质在南宋时都提高了。

另一方面，皇室也加强了与民间的商业互动。高宗赵构退位后，还喜欢出来逛逛。他的行动路线也就是从钱塘门出来，到西泠桥一带走走，同时还允许市民围观。哎哟，市民那个兴奋啊，能够跟太上皇同框，天大的荣幸！那天准就是盛大的节日，大家穿戴齐整，候在江边。小商贩们拿出绝活手艺，做出各种点心、玩意，什么羹酒、果蔬，什么犀钿、珠翠，什么窑器、玩具，也有在湖中荡舟的，希望能得到接见；就是那些卖艺的，也纷纷雇船，在船上展露才艺，各种杂剧、弄水、讴唱、吹弹，既能远观官家游湖，同时也希望能够得到皇帝的青睐。

赵构之后继位的皇帝是宋孝宗，顾名思义，尊老特别到位，请安送礼，一样不拉。到了太上皇生日，一定要陪他出宫赏西湖。太上皇看到湖面上游人如织，心中大欢喜。等船进了里西湖，出了断桥，太上皇就让下面的人招呼买卖人进前。宋五嫂就是中了头彩的一个。她的自荐词也说得好："我是东京人，跟着太上皇南下的。"太上皇一听，又生了故土之情，专门招呼宋五嫂上御船。太上皇一看这位鱼嫂，年纪不小了，就赏了她金十文、银钱一百文、绢十匹，更厉害的是，承诺以后就吃她做的鱼羹了。被皇帝一肯定，宋嫂鱼羹马上成了品牌。

南宋的杭州特别有商业气息，而且，自上到下都有商业头脑，几乎是全民皆商。据《咸淳临安志》记载，南宋咸淳年间，城区人口有12.4万余户、60多万人，多是官员以及从事工商业的居民。

各种类型的工商业者，还可以分成好几类。第一类是传统商人，经营米、盐、布、柴、菜蔬、肉类等。第二类就是新型商人，比如对外贸易商人、金融类商人、房地产商人、书商和市场经纪人等。商人的资本与其行商的方式形成某种对应，一般来说，海商的资本最为雄厚，因为海运贩运，利润远大于陆上贸易。洪迈《夷坚志》里记载了一个泉州商人，他专门做香料的海上贸易。有一次，他运货物到临安，一船的香料价值就达40万缗。短距离贩货的商人，主要贩运农副产品、土特产品以及手工艺品，属于中小行商者。坐商中像典当、质库、交引铺是大商人才能开办的，这些商人中有官员背景的就多了。最豪横的就是收租公。这些收租公的来头可不小，他们能够在寸土寸金的临安地界坐拥水道码头边的大片土地，还在这些地皮上建上仓库。这些仓库多处于孤岛之上，四周有水，既可以防止火灾，又便于兵丁守护，多大的手笔。坐商中大多是中产阶层人士，有的是行商定居之后开设的商铺,有的则是小本生意,受制于大商人。除了这些商人,还有些身份特殊的商人与一些特殊的商业现象。这些现象,可以从另一侧面说明杭州全民皆商的现象以及商业繁盛的局面。

不信,我们捋捋。

一、太上皇也有商业素质

绍兴三十二年(1162),高宗赵构荣休了。

养子孝宗把他送到大内后面的养老别墅德寿宫里养老。德寿宫是旧年秦桧的府邸。赵构住下后,觉得地方还不够,就想捣鼓房地产,扩建自己的养老院。赵构在历史上比他爸爸宋徽宗要节俭多了,因北宋灭亡,失之奢侈,前车之鉴。如高宗生母韦太后南回后,高宗专门为她祝寿,供了十几枝香料灌制的蜡烛为她祝寿。

酒宴上,高宗很嘚瑟地问母亲这香烛如何?满心以为会让老妈表扬一下。

韦太后淡淡地回答:"你父亲每夜常设数百枝。"

高宗闷闷不乐地嘟囔:"我怎么比得上老爷子富贵。"

是啊,一个匆忙南下的小亲王,一个偏安一隅的小朝廷,创业之初,哪有足够的财力搞奢华。所以高宗时期的大内,还是"惟务简省,宫殿尤朴"的,一个大殿,往往兼了几个功能,用个殿额也得随情改变,如见群臣时称后殿,食后谈公事就称内殿,读书时又称讲读处,感觉很像现在的摄影棚。

但是自己退休了，就可以潇洒一把，继续自己的艺术人生了。高宗就是这么想的。当家时是一家之主，必须想得多一些，退了休，太上皇的个人抱负很宏伟：他要建豪华的聚远楼，还要修一个微型的西湖。

可扩建需要钱啊。

南宋时，权贵造房子不许强拆民房，需要向平民支付拆迁费用，讲着礼呢。

太上皇每月的养老金接近 100 万缗，1 缗相当于 1000 文，100 万缗完全是高规格的退休金了。但是太上皇还不满意，这点钱离他修建别墅的理想差远了。太上皇向儿子讨价还价，希望增加退休金。

太上皇很有韬略。有次，他在跟孝宗喝酒的时候，就乘酒兴提出要加退休金。孝宗喝得高兴，一拍胸口表示一次性加退休金 20 万缗。哪知一回去头脑一清醒就忘记了。

太上皇对钱记得真真的，一点不含糊。过了两天就问自己的皇后，儿子送钱来了没有？高宗皇后吴皇后号称南宋第一贤后，一看自家男人贪心，又不好说儿子忘记了，就说送来了，把自己的私房钱拿出来给高宗。

高宗乐颠颠地去折腾房地产，终于把自己的房产修成了一等一的养老院：东西宽 250 米，南北长 70 米。在寸土寸金的皇城里，真算得上是豪宅了。诗人周必大称赞："聚远楼前面面风，冷泉亭下水溶溶。人间炎热何曾到，真是瑶台第一重。"

太上皇又在德寿宫里倒腾出一个大龙池，里面还置了

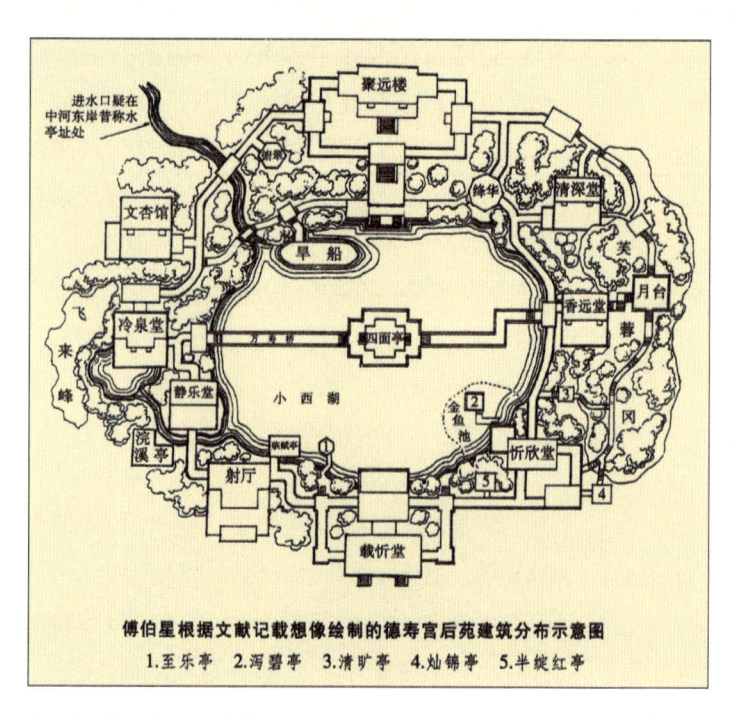

德寿宫后苑建筑分布示意图

景点。

但是太上皇还是觉得不满足,所以他又请孝宗来喝酒。

一边喝酒太上皇一边又很有策略地向儿子要钱:你看我老是跟你出去逛西湖,是劳民伤财。我呢自己挖了池,里面也有几棵好花,就请官家到后花园转转吧。

孝宗一听就明白了,这是太上皇又想要钱了啊。

送佛送到西,索性把西湖里的盘松也移到了大龙池里。

太上皇仿效西湖场景,让宫女太监们在湖上摇船做买卖过瘾。各色小舟出售花朵、彩帛，也让唱曲的、演艺的上了小舟表演。

这只是属于商业演习，太上皇还要搞实业。

做什么呢？酿酒，绝对利润高。在南宋，酒与盐都是国家掌控的货物，私人不经允许是不能生产的。太上皇退了休，那也算是在编的国家公务员，酿酒就是违法的。但是太上皇搞实业，谁敢说话！从文献记载来看，太上皇的酒坊绝对上档次，品种有"上品""惠山米""三白泉"等。自己喝倒也罢了，估计酒还上市场销售了。

偏偏有一个愣头青，御史大夫袁孚就这事上书弹劾了太上皇。

太上皇酿私酒，让孝宗皇帝很不爽；袁孚弹劾太上皇，又让孝宗皇帝很为难。孝宗皇帝决定先不处理。没有想到太上皇眼线极多，有次吃饭，他故意拿出了一瓶酒给孝宗喝，酒瓶瓶身上居然写着"德寿私酒"，真是与孝宗叫板啊。老皇帝很任性，儿皇帝很无奈。孝宗躲不过去，只好睁只眼闭只眼，默许太上皇可以酿造私酒。

说了那么多太上皇的商业实绩，未免还是太过小家子气，仿佛他眼窝子浅似的。其实，赵构在位时提出"广南市舶，利入甚厚"，鼓励发展远洋贸易，才是真正大格局的商业眼光。明末顾炎武在《天下郡国利病书》中分析：南宋偏安东南一隅，财政捉襟见肘，不实施海外贸易，恐怕朝廷运转都会困难。话是这么说，但是能够将海外贸易提到这样高的高度，赵构的眼光还是很敏锐的。赵构不仅多次下达"上谕"鼓励民间远洋贸易，而且还授予有成绩的外贸商人以官职，这一做法推进了南宋外贸的发展。这一点上，赵构功不可没。

二、钱眼里的将军

南宋养了一支公务员队伍，而且高薪养廉，薪水多，福利好。但是开支一大，财政就周转不过来了。南宋的战事又多，军备开销也大。怎么办？政府给政策，军队去经商。南宋有"中兴四将"岳飞、韩世忠、刘光世、张俊，每人各带一支队伍，每支都有自己的企业。比如岳飞，在鄂州就有酒库、公使库、备边库、激赏库、回易库等14库，每年获利1165000多贯；另外，鄂州典库、房钱、营田杂收钱，襄阳府酒库、房钱、博易场每年收入415000多贯，另有营田稻谷180000余石。这些收入大约等于岳家军三个月的军费开支。像刘光世，所辖军官士兵一共50000余人，有8000多人在从事贸易活动。做什么生意呢？他们伐山为薪炭、聚木为筏，行商坐贾，开酒坊、解质库等。韩世忠自领兵以来，领有镇江府、扬州、真州、高郊县、江口镇等地正库、激赏库等，酒库15个，有回收利息及收各库收1000000贯，军中耕种并桩管米900000石。军队经商，所涉及的范围之广、力度之大，真是史上难见。

这几个人中，还有一个人尤其要讲一讲，那就是张俊。关于这个张俊，我们知道绍兴二十一年（1151）十月，张俊请赵构吃了次家宴。赵构只到两个大臣家里吃过饭，一个是秦桧，一个就是张俊。这场宴会，也是我们知道的最豪华的宴会之一，宴会的菜单是我们了解宋代贵族饮食的重要资料。我们还知道张俊是跪在岳飞墓前的四个罪人之一，岳飞之死跟他脱不开关系。史书上说这个人"尤善治生"，就是说特别会做生意。他手下的军人，不止要行军打仗，还要为张俊做买卖。张俊"军令"如山，把大批的官兵派出去经商，走时借本5000贯，回来必须要交15000贯。杭州卖酒最挣钱，所以他就选最好的地，在皇城脚下领衔开了个酒楼，这就是"太平楼"。酒楼一开业，便日进斗金，赚得盆满钵平。官办酒楼那也是当时的商业常态，《武林旧事》里记了许多官办的大酒楼，气派不说，还必须是"会员"才能进得去。

张俊的头脑里商业细胞太多，这可无可厚非。但是利用自己的职权，拼命敛财，就不让人待见了。他大肆兼并土地，共有良田100多万亩，每年收租米百万石以上，相当于南宋最富庶的绍兴府全年财政收入的两倍以上。张俊的子孙曾经一次捐献给南宋朝廷100000石租米，清单上分别开列了江东和两浙路六个州府所属十个县，共计十五个庄的租米数额。张俊还占有了大批园苑、宅第，仅所收房租一项，每年就多达73000贯。时人称张俊是"占田遍天下，而家积巨万"，他是古往今来最著名的几位大地主之一。

张俊家里的银子堆积如山。为了防止被偷，他命人将那些银子铸成许多50公斤一个的大银球，名叫"没奈何"，意思是小偷搬不走它们，拿它们没办法。还有一次，高宗大宴群臣。席间有一个伶官表演节目，他拿出一枚铜钱，装作窥视星相，将铜钱放在一只眼睛上看众人。先看到宋高宗，伶官说：这是帝星。再看秦桧，伶官说：这是相星。又看韩世忠，伶官说：这是将星。最后看张俊，伶官说什么也看不到，众人惊讶不解。伶官解释道：真的什么也看不到，只看到张大人在钱眼里。引起众人哄堂大笑。

在南宋相对宽松的政治氛围下，公务员里也不只张俊这样干。《宋稗类钞》卷之四《权谲》就记载了这样一件事：南宋高宗年间，殿前都指挥使杨存中，也是一个皇上特别待见的官员。他的副业就是收集马粪，靠着卖绿色的肥料，就曾经赚到了10万钱。"庄稼一枝花，全靠粪当家"，粪便也是宝啊。欧阳修在《归田录》中，曾经写过宋朝京师的一句俗语：三班吃香，群牧吃粪。从这句俗语，就可以知道，有些人靠着"绿色肥料"就可以赚取丰厚的利益。

当然也有不这样贪婪的将军。韩世忠在带兵期间，也同样经营。但是他在交出兵权之后，就把商业项目一并上交了。后世讨论军队经商，大致认为是国力不胜、迫不得已的行为。以史为鉴，不得不引起人的深思，因为角色的偏移，会引起公权力的妄用。

三、"出家"商人

据《西湖老人繁胜录》记载，当皇上过生日时，民间也跟着热闹，干什么？去西湖放生。这一来，又成就了好几样生意：西湖船上的，有看经的，看相的，放生的；岸边呢，卖各种的小活物，什么小鸟、乌龟、螺蛳，这里买、那里放，十分热闹。

这种时候，寺庙里的出家人也不闲着，他们也做生意。趁着放生节，他们专门赶做了一种小玩意：扎出各种花亭子、花屋子，在亭子里、屋子里供一座金光灿灿的小佛，花上喷些香水，就成了浴佛节的专门供品了。出家人制造这精巧东西拿到市上供应，城里人也不含糊，特别是善男信女，都会去求一座。看看，生意机会就这样创造出来了。

《夷坚志》里记了一个道士，叫许道寿。当了一段时间道士之后，他还俗了，就在太庙前出售焚香。南宋时的香料买卖绝对是笔大买卖，其中龙涎香最贵重，上等品在广州出售每两不下于百千缗。返俗道人许道寿也号称出卖龙涎香这样的极品香料，可是卖的全是赝品。看看，一个出家人，都堕落成这个样子。

陆游有一次在西湖夜游，就看到有僧人在市上当商贩，非常感慨。陆游到底是在老家住久了，没有见过出家人做生意的场景，还特地写了首诗感叹了下。

其实，南宋出家人不仅做实物买卖，还做金融生意。这下，陆游更加吃惊，马上记录了下来：不得了，南宋杭州的出家人居然还放高利贷（长生钱）。实际上，寺院经营经济并不是宋代才有的现象。在佛教传入中国之后，寺庙产业发展迅速，寺庙的供养费用就很可观，而且寺庙又有田地且不用纳税，所以寺院往往很有钱。几次灭佛运动，也是因为寺院已经成长为不可忽视的社会力量，才不得不通过暴力来削减。寺院还有一个社会功能，就是可以赈贷，在灾年向灾民发放福利，这对安抚灾民、治理社会很有利，政府当然很赞成。

陆游所说的"长生钱"是什么？"长生钱"的本意是发放钱财收取利息来供养三宝，这样寺庙的钱能够不断地流转增值。宋代和尚与前代不同的地方是，他们要纳税，还要承担官府的籴和买，另外还有各种杂捐，还要服徭役。相比来说，宋代和尚还是很辛苦的，那么多人头费用就要靠放贷来支付，不从事点商业活动，很难撑过去的，因此"长生钱"就是寺院发放的高利贷。官府觉得寺院的高利贷很安全，毕竟，债权人是佛，哪个信众会大胆到欠佛的钱呢？官府也很明智，他们也投资寺院，推动放贷。这样一结盟问题就出来了：佛界与俗界联系太紧，和尚投入商业的热情过于高涨以至于违背了佛门的教义，这就让人很难接受了。另外官府的国有资本与寺院的集体资产如何清理也很成问题，难免会出现个把硕鼠，做些个豪强敛财、挪用公款的事情。

但是呢，寺院放贷确实提供了一条新的经济思路，那就是官贷与民贷之间的组织借贷方式。这种方式的好处在于它借方的神圣背景能够让借贷者心生畏惧，从而降低借贷的风险，而且能把社会资源的配置合理化，毕竟，寺院的信誉比私人更好。

除了僧人尼姑，赶考举子也会乘到都城的时机，担了自己家乡的特产，到都城出售，赚一点路费。吴自牧的《梦粱录》说，到了三年一试的时候，到达省城的赶考者不下万余。赶考者卖特产，杭州人就卖"路程"，就是杭州地图，指导外乡人在杭州旅游。

都城太庙一带，买卖火热。真是全民皆商，商业头脑真好。

四、"置团拘卖"搞垄断

商人生意规模做大到了一定的时候，就有了通吃市场的想法，换现代的说法，就是想搞垄断，这种组织南宋时候就叫"团"。比如临安的"鲎团"托拉斯，就想垄断杭州的水鱼售卖。"鲎团"的想法很务实，就是统一采购商、组成总销商团，下设分销商。杭州城南的水路有龙山河，龙山河与钱塘江交界处是浑水闸，这个地方成了"鲎团"处理事务的绝好场所。"鲎团"从温、台、四明等地招标了多家水鱼供应商，就在浑水闸收货。接着，"鲎团"又把浑水闸当作了很好的批发市场，直接把水鱼分销给城内外一两百家鲎铺及叫卖小贩。真是骤聚骤散，一会儿时间，杭州市民就能在大小市场与街巷走贩那里看到摇头摆尾的水鱼身姿了。

除了水鱼销售，见于笔记的还有花团、青果团、柑子团等，想起来都是能够快速将货物打入消费市场的商业组织。南宋流通货物品种繁多，每项都能做到极致，且都拥有忠实的顾客，这也就催生了大大小小许多小龙头企业，比如"泥鳅陈"，就是泥鳅销售界的老大。《夷坚志》记，有一位姓陈的老年销售大佬，每天干的事情就是守在余杭门口盯着泥鳅商贩。因为他的销售网络已经遍及临安市区各个角落，实际上已是垄断企业，所以他只要紧盯源头就能保证销售的顺利开展。每个进城出售泥鳅的商贩无不自觉地让陈老大亲自过目货品才敢入城，江湖大佬的气场十足。

但是蔬菜、水果、小众水产等，毕竟只是小买卖，有的只是农户从自家地里、塘里收起来的东西，偶尔做次买卖，不过添补些家用而已。被这些大佬一垄断，一抽税，基本上无利可图，这实际上也损害了小民的基本利益，不利于自由市场的发展。绍兴二十六年（1156）七月，户部尚书兼权知临安府韩仲通上言，说临安市的牙侩陈献"置团拘买"，意思是经纪人陈献利用自己信息便利之优势，趁机控制市场、垄断生意，而且从中抽税过多，结果呢，"致细民难于买卖"，就是说做小生意的人很难做生意了。这情况很不好。宋高宗听了之后，觉得很有道理，就下令除去了这类生活用品的经纪人操作模式。

上面只是些小买卖，国家采购的东西就不一样了。比如盐、酒，那就是国家管控的物资，一定要经过国家的许可才能买卖。俗称，"要赚钱，赶在行在卖酒"，酒是国家专卖的。政府思路很明确，抓大放小。比如酿酒，抓源头酒曲的买卖，抓拍户放散户，抓大酒店的销售。但是具体实施时也会有贫富不均的情形：销量好的地方卖酒成了一件有利可图的大买卖，但在销量不好的地方，生产酒便成了苦差事，就是倾家荡产也凑不齐买酒引的钱。

这里还要说的一件事，就是临安卖羊肉。

相比猪肉，宋人更以羊肉为贵，吃羊肉是宋代的大时尚。有句俗话，"苏文熟，吃羊肉；苏文生，吃菜羹"。意思是说，你学习用功，熟读苏轼文章，考取功名，就有钱吃羊肉；否则考不取功名，没有钱，你只好吃菜羹。宋代官僚俸禄中，有一项福利就是"食料羊"，随官阶高低赏赐羊肉，所以赏赐羊肉的多少就成为官员待遇的标志了。

北宋时，宫里高调吃羊肉。如神宗朝时，御厨每年支出"羊肉四十三万四千四百六十三斤四两"，此外还有弥足珍贵的"羊羔儿一十九口"，消耗量惊人。哲宗时高太后听政，下旨"不得以羊羔为膳"，也算是一种开源节流。到了南宋，朝廷偏安。南方产羊少，皇宫御厨的用羊量大幅减少，不过仍能保证"中宫内膳，日供一羊"。但是市场供应就不够了，羊肉金贵，好多官员想吃羊肉吃不起。南宋流行一首打油诗："平江九百一斤羊，俸薄如何敢买尝。只把鱼虾充两膳，肚皮今作小池塘。"意思是没有钱吃羊肉，只能吃点小水产来填肚子。那时的习俗真与现在不一样，现在打牙祭都要吃海鲜水产，但在封建社会，还是以三牲为贵，就是牛羊猪为贵。

南宋时南迁过来的权贵想吃羊肉都快想流口水了。这种情况下，出现了一位胆大不要命的商人。这个商人名叫杨康，是钱塘县巨商。不知道他是做什么生意起家的，反正他脑洞一开，就立了个小小的目标，然后就向皇上进言，大意是这样的：皇上啊，看在您老这么爱吃羊肉的份上，我把您羊肉的开销全包了吧，每年我给您老上贡720口肥羊，另外我还给您交利钱23000缗，用这个钱来供应您老供奉天地的一切用度。您只要给我一个小小的权力，就是把专卖羊肉的权力交给我，从今以后，猪羊圈的交易，"不许余人干预"。可以想见，这个想法把一大圈有嗜羊肉爱好的高官都给得罪了。天子脚下，皇城根下，还有那么一大群人的胃你就不照顾了？只给皇帝一人行方便，不知道天下人都要吃羊肉的吗？御史中丞汤鹏举等马上上言，说杨康这个人眼里根本没有朝廷仪礼，"欲擅一府屠宰之利"，只看中利益而已，把他拿去治了罪。

参考文献

1. 徐吉军：《南宋都城临安商人的类别及特点》，《浙江学刊》2019 年第 3 期。

2.〔宋〕洪迈：《夷坚志》甲卷二四《九里松鳅鱼》，中华书局，1981 年。

3.〔宋〕李心传：《建炎以来系年要录》卷一七二"绍兴二十六年（1156）五月丙辰"，中华书局，1985 年。

天城商都印象记
——外邦人眼中的杭州

唐代杜牧在做京官的时候，嫌京城工资低，并专门给宰相写了信，说当京官不如到杭州去做地方官，因为那里经济好，商业氛围好，官员待遇好。那时还是唐代，杭州还在不断开发之中。入宋以后，杭州发展得更快了，国际化程度更高了。

我们来看几个外国人对唐代以后杭州的记录。

一、一个和尚的杭州见闻

人物：成寻

职业：日本和尚

时间：北宋熙宁五年（1072）

事由：成寻是日本参议员藤佐理之子。藤佐理后来出家了，法名真觉。成寻生于宽弘八年（宋真宗大中祥符四年，即公元1011年），七岁入岩藏大云寺为僧，事石藏文庆法师，受显密法，后获阿阇梨传灯大法师之位。北宋熙宁年间，年逾六十的成寻决定到中国学法，后客死中国。

　　成寻到达中国是乘定海商人的商船。他由海路到达台州，然后由水路至杭州，在杭滞留期间，向杭州官府申请去天台山巡礼，七天后获许可。后成寻巡礼天台山和五台山，寻求佛法。

　　成寻不是第一个到达杭州的日本和尚，却是留下杭州日记的日本和尚。日本僧人是一群铁杆中国文化粉丝，

成寻像

是早于日本商人来中国的东瀛人。成寻借中国商船到达中国，事先没有中国官方的许可。

据成寻记录，一路上或停或行，或雨或晴，只借海风之力吹送。入洋之后，极眼望去，只见苍茫大海。中国商船上的水手多豪情，晚上畅饮欢谈，划拳猜掌，好不热闹。僧人们在里舱礼佛不止。

船行十数日，已见岛屿，但无人家。再往前行，才见到人家。这时距离他离开日本已过了十天。这么多天才见到人家屋舍，成寻当然特别兴奋，当下数了下：明州的一浦有11户人家，其中有两家"瓦葺"，其他都是"茅屋"。为什么这里讲得那么清楚？只有知道成寻如何评论一地繁华的用语，才能够知道杭州对他造成的影响是什么。

到了明州，成寻没有下船，而是从明州借内陆水路到达杭州，走的浙东运河一线：明州—越州—萧山，越过钱塘江到达杭州。这时，距离出发已近二十天了。

一过钱塘江，成寻发现景观大变，船外已是城市样子了，"津屋皆瓦葺，楼门相交"。看看，还未进城，感觉已大不相同了。

接下来，成寻对杭州的海塘、桥梁以及江中的船只进行了记述。他用了几个比方，比如说杭州的江口大桥像日本的宇治桥，说杭州的城门很像日本平城京的朱雀门。日本宇治桥建于大化二年（646），是纯日本风格的桥，全长153米，此桥在日本人心中极有地位。按照成寻的描述，他所写的杭州城门外大桥很有可能是宋代的跨浦桥，就是现在贴沙河三廊庙一带的桥。他说城门很像日本平城京的朱雀门，日本平城京即今天的奈良，是日本模仿唐长安建造的第一座都城。日本天皇将都城平城宫的正门命名为朱雀门，是古时外来使者、官员出入都城的入口。怎么会不像呢？这就是从中国拷贝过去的啊。

如果说成寻开始还能感叹海塘方石的巨大、桥梁规模的宏伟、桥下大小船只不计其数的景观，那么进了内河之后，从日本来的成寻像极了从乡下来的刘姥姥，绞尽脑汁不知该怎么描述了。杭州城内房屋俨然，"并造庄严"，就是说房舍的建造更加华丽了，一色的砖瓦建筑，而且规整划一；城里的官府有三层楼高，门前有宽敞的前廊，门上漆朱，像我们的朱雀门（又来了）；官员前后有五六十人随从，气派真大。

这里要称赞下南宋政府的办事能力了。南宋宫城狭小，政府财政预算也不高，所以很多衙门的建设都是"螺蛳壳里做道场"，用最少的钱做最多的事。大内的办公场所就是兼用的，一个大殿派好几个差使。能在既有的面积上，加以合理布局，打造出正派周正的衙门建设效果来，应该表扬一番。

因为成寻身份特殊，所以他的行李还得接受检查。这期间，他的开销都是"志与"（赠送）来的。一个船主"志与"了他一个吃食果儿，像饼又不是饼，他没有吃过；第二个船主"志与"他樱桃，也没有吃过；最后同行的第三个船主"志与"他糖饼，老大，还是没有吃过。

成寻住进了馆舍，这馆舍足有 20 多町大（他用了日本的计量单位町，如果是面积单位，1 町约等于 1 公顷；如果是长度单位，1 町约等于 109.09 米），器物居然都是金银器之类的，所吃的食物、果子都"不可思议"。

这七天内，成寻买了些中国物件，比如丝鞋与斗笠。

169

让他印象最深的是杭州的集市，令成寻目眩的是杭州彩灯。有一间屋内悬挂了两三百只彩灯，都是以琉璃做的外壳，大小不一，里面燃烧各色的火石，五颜六色。有的灯内塑了众多伎女，弹琴吹笙，"不可思议"；有的还设有机关，可以让里面的人跳舞、打鼓、旋转、吐水、骑观等等，看得人眼花缭乱。

成寻到市中走了走。这市东西足有30多个町，南北有20多个町，每一町中都有大小马路，算是大区域中划分的小单元，各色的买卖在里面，不能数尽。人头攒动，路上室内尽是人。口渴可以花一文钱喝一小杯点茶，茶器也是银器。太露富了！

有长官前呼后拥地在前面走过，随从就有数百人之众，在市中招摇而过。杭人乘坐的轿子，有肩舆，用丝绢糊在轿子外面；还有腰舆，两人抬着，坐客有男有女，也是招摇过市，"最为甚妙"。在开封的时候，士大夫基本上是骑马的，但是到了杭州，因为这里的桥太多，马儿上不了桥，所以坐轿子的多了起来。这一次经历，清心敬佛的成寻都说"敢不见尽"。

接下来，成寻去杭州寺庙礼佛。给他留下深刻印象的有两件小事。一是杭州和尚受用的果子品种很多。在一间寺庙里，他吃到了荔枝、梅子、松子、龙眼。其中龙眼他没有见过，所以他描述这果子吃着像干枣，长的像荔枝。接下去的胡核和五六种果子真是不认识了。在另一间寺庙里，他依次吃了四道食品，先是甘蔗、莲根、紫苔、樱子；然后吃乳粥；接着是汁水；最后是饭。二是杭州和尚喝茶、吃汤都讲究。喝的是点茶，饮的是香汤，是不是"不可思议"，他没有说。

他与各种人接触。首先是船主。成寻借坐的船有三位船主，分别是福建、浙江与广州人，算是跨区域经济联盟。船主愿意捎带他们一行人入宋，还"志与"不少东西。杭州的店主也很不错，听了他的情况，愿意给他作担保。

从文献里看不到成寻究竟住在哪家宾馆。宋代有许多涉外宾馆，南宋以后，宾馆的条件改善很大，像都亭驿这个涉外宾馆特别豪华，还有冷暖设备，另备仓库，房主兼地导和经纪人，提供一条龙的服务。

根据官方记载，市舶司的办事人员在例行公事巡查旅舍时发现了成寻等一干日本人，进行了盘问，发现成寻不是个外交官，而是个求法的和尚，就将此事上报上司，接着又帮成寻解决了后面求法过程中将要面临的一系列问题。

因为成寻身份并不合法，所以他上天台只能找本地人作担保，官府的移文，实际上是开给翻译陈咏的。翻译陈咏其实是个商人，六次到过日本，所以精通日语，简直就是自学成才的标兵。大概成寻住的涉外宾馆也接待高丽人，高丽人特地来串了串门。生意做久了，高丽人居然也能讲日语。这些人也帮助解决了成寻在杭逗留中的一些问题。总而言之，成寻到了杭州，一切都顺利得不可思议。到了天台之后，居然能够把身份由偷渡改成合法居住，这里面，也有商人的帮助。

成寻真是太幸运了！没有一个包容的背景，一个偷渡客怎么能够在城市里自由地逛来逛去，还能如此从容地达成自己的意愿呢？

出家人不讲究世俗生活。在成寻的日记里，船上的万般不适，只用了片语略过，在杭州的见闻，倒洋洋洒洒写了许多。可见杭州的繁华对他的触动。

二、旅行家眼中的杭州

元代的杭州，继续往国际化大都市的方向发展。这一时期到达杭州的欧洲旅行家有意大利人马可·波罗、鄂多立克、马黎诺里以及非洲人白图泰等。在众多欧洲旅行家中，马可·波罗的知名度最高，摩洛哥人穆斯林白图泰的热度也不低。接下来我们来看看这两位对杭州的印象如何。

人物：意大利旅行家马可·波罗

事由：元初 1277—1287 年，马可·波罗受到元大汗的委托，到南方巡检岁课、盐课，可能经过杭州，后来他又到过一次杭州。

马可·波罗算是个中国通了。但是他对中国的俗语可能理解得有点不太透彻。俗语"上有天堂，下有苏杭"，他硬生生地搬用，把杭州叫成"天城"，把苏州称作"地城"。这可能是个美丽的误会，但并不影响他对杭州的喜爱。

不能否认，马可·波罗先生毕竟是商人出身，在对中国进行描述时少了点中国的味道，比如他对"蛮子国王"的这个称呼就有点怪，稍知晓中国历史的知道他是在指宋恭帝。宋恭帝是宋朝第十六任皇帝，他之后就是末帝赵昺。历史上，公元 1276 年，元军兵至临安，赵㬎退位降元，降封为公。

马可·波罗看到的是杭州被蒙古人征服之后的最初一段时光。

马可·波罗像

　　伯颜南下时，为了尽快地控制南方地区，改变了最初的抢掠政策，努力发展经济。因此在战乱之后，南方的经济恢复较快。我们来作个对照。据文献，唐代长安人口繁盛时近百万，而据《咸淳临安志》记载，南宋末年临安府人口已达124万多人。从实际面积上看，长安也比杭州要大得多。比当时杭州的城市规模容纳那么多的居民，显然是个奇迹。

　　在对杭州居民楼的描述中，欧洲人说杭州的居民楼房可以造到八到十层，显然是臆断，摩洛哥人白图泰比较谨慎，说有三层楼到五层楼。马可·波罗没有说楼高，他说城里有"一百六十条大街，每条街道上有一万所房子，这样就有一百六十万所房子"，其间还有不少美丽的宫室。我都不知道马可·波罗是怎么统计出来的。他还说杭州城里有许多建筑由美石砌成，这点也真是让人怀疑。但总而言之，城里楼房密度太大了，立面很狭小，进深很大。居民无法安置，所以见缝插针地建房是一个方法，一座宅子里挤多户人家。门脸是商铺，后面就是居民的宅子，这样密密麻麻地挤了一城。另外，在各个城门外都建有卫星城市，也就是文献中说的城外之城。这些卫星城市比威尼斯城更大一些。

可能在老家威尼斯看水乡看习惯了，马可·波罗对杭州还真是有独特的感情，所以在描述中，也不自觉地拿威尼斯作理解的背景。

比如，马可·波罗对杭州的水道特别关注。他描述道：这个城市一端有个大湖，另一端有条大河，湖水输入城市，有各条大小不等的运河，这些运河分别经流该区域的不同街区。河水流出城市，流入大海，使城内的空气清新宜人。这是杭州。我们来变换下词语："这个城市外面是一个大洋，里面有一百多个区域，海水分别流经过不同的街区，流入大海，城内的空气清新宜人。"这个就是威尼斯。

他又描述道：该城中各种大小桥梁的数目达 12000 座（有点夸张了，据文献，南宋末年城市桥梁的数字是 100 多座，城外是 200 多座）。那些桥架在大运河上，用来连接各大街道。桥梁的桥拱都建得很高，建筑精巧，竖着桅杆的船可以在桥拱下顺利通过。这是杭州。我们来变换下词语："城市里有几百多座桥梁，它们架在水面上，用来连接各大街道，桥拱都建得很高，建筑精巧，船可以在桥拱下顺利通过。"这个就是威尼斯。

显然，运河里的船比贡多拉更壮观些。

但是杭州毕竟不是威尼斯，所以除了水道出行，还有街道。比如当时最豪华的御街中间是石头铺成的，两边有砖石砌的沟渠，里面种植荷花，路边还有种各花果树，再外侧两边各由砖石铺成，这就是御廊。与威尼斯的街道比，杭州的当然已经够档次了，因为它有60码宽。

街道是大石板的，不积水，下雨天鞋也不粘泥巴。在御街上，还有公共篷车。这些车有六个座位，车上装有车帘与座垫。车子招手即停，乘客可以坐车到想去的旅游地。

沿着城市最重要的街道，每过四英里就能看到一个大集市。大集市是四方形的，每面有半英里，中间有大道。这样，城市的大集市有10个，小集市则不可胜数。集市上的货物丰富，野味、家畜、水果、蔬菜品种繁多。因为杭州附近有海，所以有海货；杭州多湖河，所以也有河鲜。集市每周开三次，每次都有四五万人带着货物来贸易。因为商业如此重要，所以城市的一切居民都是围绕着商业运转的，比如城中多商人，他们自己不劳动，他们的妻儿也是养得白白净净、斯斯文文，店里忙活的是伙计。集市是城市最繁华的地方，集市对面就是管理集市的官署，集市边上居住着医士、占卜人、写信人与其他服务人员，甚至还有不少妓女。

马可·波罗还说杭州市有12种职业，每业有12000户，每户有10人，有的多达三四十人，实行雇主与雇工的制度。

Chapter LXXVI

Of the noble and magnificent City of Kin-Sai

Upon leaving Va-giu you pass, in the course of three days' journey, many towns, castles, and villages, all of them well inhabited and opulent. The people have abundance of provisions. At the end of three days you reach the noble and magnificent city of Kin-sai [= capital; Hang-chau], a name that signifies "The Celestial City," and which it merits from its pre-eminence to all others in the world, in point of grandeur and beauty, as well as from its abundant delights, which might lead an inhabitant to imagine himself in paradise.

This city was frequently visited by Marco Polo, who carefully and diligently observed and inquired into every circumstance respecting it, all of which he recorded in his

313

英文版《马可·波罗游记》中记载的"杭州"

房子多，居民多；商人多，巨富多；集市多，桥梁多——这就是马可·波罗对杭州的印象。

人物：摩洛哥人伊本·白图泰

事由：伊本·白图泰于公元 1325 年开始全球旅游，后受到印度德里王派遣出使中国。在元顺帝至正六年（1346）（对此学者有争论）到达中国泉州，后游览了泉州、广州、鄱阳、杭州等地。

由于马可·波罗商人的身份，所以他对赋税、物产的观察很细致。相比之下，白图泰更有点文人做派。他对细节的观察很细致，比如对中国的漆器，描述得那叫一个仔细。而且，伊本·白图泰讲故事颇有点《一千零一夜》的风格，他把游历嵌在故事里，一个个讲下来。

白图泰说，中国政府对商人保护极好，即便是一个单身商旅，也可以非常放心，因为有严格的登记制度与核查制度。他又说中国盛产丝绸，所以价格便宜，因此当地穷困人士的衣服也是丝绸的。（各位是怎么想的，有这样的中国穷人吗？）

伊本·白图泰对杭州（汗沙城）的记录比较少。他认为杭州是他"在中国地域所见到的最大城市，全城长达三日程"。这个记载不知是从哪个范围来考察的，是不是从某个周边集镇就开始算起了。

伊本·白图泰又说，杭州分成六个城市，不同信仰、不同地位的人各居一城，比如军士一城、基督与犹太人一城、穆斯林一城、长官府一城、普通市民一城、奴隶一城。这些描述让人脑细胞死伤无数。考虑到伊本·白图泰是由南部水路进入的杭州，大概可以分析出当时杭州的人员居住情况。

杭州的城南是富人区，就是现在的清泰以及鼓楼一带。王公贵族都在那里造房子。暴发户居住在更南面的地方，就是现在的凤凰山一带。伊本·白图泰说的穆斯林一城就是现在的羊坝头一带。从历史上看，伊斯兰商人从唐朝开始就已经到达杭州市。北宋末年，宋皇室与贵族从开封往南迁，这里面就不缺乏阿拉伯人。元代羊坝头有个埃及巨商，在那里修建了一座清真大寺，现在还存世。伊本·白图泰来杭，就暂时住在那里。羊坝头北面就是长官府。这里是离西湖最近的城区，也是最美丽的城区。伊本·白图泰称西湖是"大港伸出的港湾"，说西湖上船艇相接、帆樯蔽天，风帆与绸伞相映生辉。

游船相遇时，乘客用柑橘、柠檬投报。长官府下面有各种工场，织造上等衣料、打造军器等。长官府中的奴隶不许出城，由师傅带着三四名徒弟干活，这样的师傅有1600 名。城的北部是普通市民的居住区，大概也就是武林门一带。百姓居住的城市有能工巧匠，在这里，伊本·白图泰对一个种竹胎漆器发生了浓厚的兴趣。第六城大概就是城北运河边了，那里的百姓多水手、渔民、木匠等。

元代治理地方，很多时候都委派色目人，许多非汉族血统的外邦人也会被委以官职，阿拉伯人自然也是很重要的构成。从伊本·白图泰的描述来看，这些阿拉伯人已经习惯在杭州的生活，把自己的生活区域布置得很舒服。

三、漂泊者的记录

人物：朝鲜人崔溥

职业：基层公务员

时间：明弘治元年（1488）

事由：崔溥父亲去世，他雇船从济州岛返回家乡朝鲜半岛。不料海船遭遇暴风，从朝鲜济州岛漂至浙江沿岸，最后到达浙江台州府临海县牛头外洋。崔溥被当做倭寇，他的案子也由台州府上报到省府，又报到中央。崔溥本人也从台州由陆地押送至杭州，搞清身份后，又由杭州至北京。他在确认身份无疑后被遣送回国，因此有幸成为明代运河开通后通过的第一个外国人。

本章中崔溥先生的经历是最让人同情的了。一场风暴将崔溥这个只想渡海回乡奔丧的公务人员稀里糊涂地流放到茫茫大洋上十天之久。他们一行人共43人，也没有充足的储备，没有丝毫心理上的准备，经过与大海的殊死搏斗，他们进入中国境内。这时，船上的食物与淡水已经用完，几乎是凭着生存的意志，苦苦挣扎着。

进入中国后，他们遇到了两艘中国船，以为遇到救星，哪知道对方居然是海贼。海贼叫嚣着叫崔溥交出金银，但一个奔丧的公务员，既不是达官又不是富商，哪里有什么值钱的东西。海贼翻尽了全船，也不见财宝，气得直骂娘（好在崔溥听不懂）。把船上值钱的东西席卷一空后，他们愤愤然离船，还不忘记狠揍了崔溥一顿。

又气又饿，加上疲惫，船上的人都非常沮丧。

又漂了四天，再次靠岸。这次崔先生看到了六艘船。总算，他们遇到了好人，并在好人的帮助下上了岸。

问题又来了。一个外国人，要到中国，不是使节就是商人。但这穿着一身孝服的男子身无分文，而且操的是哑巴汉语，只能用笔写汉字，嘴里不能发音。怎么能不让人怀疑他是间谍？所以只要见到人，反复问的就是你是倭寇吧？怎么到了这里？

崔溥就像祥林嫂一样地用笔与手势来讲述自己的遭遇。

反复问讯之后，台州官府终于半信半疑地相信了他的话。通过层层审查，官府决定，把这个可疑者送到浙江的最高行政机构所在地杭州去判决。可怜的崔溥虽然不是以罪犯的身份，但也绝对不是上宾，被官吏一路押送，以陆行为主，佐以舟行，一路辛劳，终于赶到了西兴驿，这意味着杭州就在眼前了。

读崔溥悲催的经历已让人感到很乏味，况且他的日记到此也没有一点亮色，语言也是干巴巴的。他只是在记录自己的行程：渡过钱塘江，行过延圣寺、浙江驿，到了杭州市南城门；城门上有三层楼；入城后，一路向北到达武林驿，这期间大概有十里路。他心情不好，当然也没有仔细看风景。

接下来崔溥的语气轻松起来。

崔溥是个大才子，饱读诗文，又在文化部门工作，所以浙江当时主管教育的官员也来问讯了下，笔谈一些知识。然后是其他官员不断地前来核实身份、询问细节。当然，也有文人慕名而来，与其欢谈，还告诉了他许多典故。崔溥真是学识渊博，熟读中国经典，能够掉书袋，在文中居然能够将各地历史娓娓道来。你看他描述杭州，"接屋成廊，连衽成帷，市积金银，人拥锦绣，蛮樯海舶，栉立街衢，酒帘歌楼，咫尺相望"。几个句子也很有出处，比如"连衽成帷"引自《史记·苏秦列传》，"蛮樯海舶"是从白居易《送客春游岭南二十韵》"牙樯迎海舶"化出的。

在杭州终于搞清了身份。官府决定，把他护送到北方，由北方港口回国。

最后一天启程，崔溥终于看到了杭州的市容，这次他的心情显然好多了，花了一些篇幅写了他的旅程：从武林驿出发，到达城北的武林门，有二十多里，城北的门又有三层。他一记数，这二十里路，有门14座，大桥10多座，庙3座，馆舍2个，铺、驿、庙、门不断重复，不能胜记。到了城门外，郊区居然也有卫星城市，那就是现在的拱墅区一带，"市肆相接"，与城中一般。这段见闻，是崔溥对杭州记述中最接地气的。

我们可以体谅他的心情。本来要奔父丧，莫名其妙地漂到中国，成了偷渡客，又被海贼打了一顿，接下来是关在屋内接受各种审问，哪有心情去欣赏。他记录的在这里的见闻是最真实的。他说卫星城市上"河边画舫绷绳，不可胜数"。这对杭州的感叹，是一个圆满的句号，因为在他整段的路程记录中，这已经是很奢侈的文字了。

　　不过崔溥确实具有文士的观察力，在沿运河由南向北行了一次之后，他对南北城市有了概念：他说江南的城市总体上是繁华壮丽的。怎么说的呢？他说一路上标志性建筑很多，旅馆很多，店铺很多，庙宇也很多，楼台相望，舳舻相接。北方呢，只有运河边上的城市还行，其他地方则不太好。

　　特产，江南就太丰富了，珠玉金银、稻米鱼蟹、植物花卉，各种果实，北方就显得很寒酸了。

　　民房，江南一色砖瓦，阶砌用石材，还用石柱，北方则草屋为多。

　　衣服，江南人华服艳丽，越往北服饰越单调简单。

　　文化，江南文人多，那些走卒之列还知道书字，北方不识字的人就多了。

　　行业，江南多农工商贾，北方多游食之徒。

　　其他还有一些议论，确实很在理。江南的商业景观还是被他捕捉在眼里的。即便过了五百多年，我们看到他的"内参"，还是能够复原明代杭州的景象的。

四、传教士眼中的杭州

人物：慕雅德

职业：传教士

时间：公元 1865 年 5 月

事由：英国传教士慕雅德于公元 1861 年到宁波，在中国传教二十多年，对中国的文化有相当了解。公元 1865 年，他从宁波出发由水路过绍兴、萧山到杭州，之后对杭州的情况有了更深入的了解，甚至用杭州方言翻译并普及了《圣经》。

同治四年（1865），杭州经历清军与太平军的反复争夺，战火刚结束不久。

慕雅德进入杭州，首先对钱塘江上的渡船发出感叹：帆船如此繁密，不愧是古都的面貌。特别是钱塘江渡船

慕雅德所摄钱塘江上的船只

不收费，每天往返于钱江两岸，"相对于这样一个庞大而又相当慷慨的社会而言，义渡数量又是相当少的。江面上的船只，每天穿梭往返于浙江的商业中心宁波和省会城市杭州之间，通过渡船，杭州保持与其他城市的商业、贸易、娱乐、艺术、军火等交流，频繁持续，经久不衰——这样的交流是相当重要的"。但是义渡用的是木船，在这么大的风浪中显得那么渺小无力，用蒸汽船可能也同样危险，一劳永逸的方法是建造一所悬桥。（胡雪岩也是这么想的，还请了西方专家来勘测计划，可惜没有结果。）

一进城门，就是一条宽敞的街道。街道地面铺砌整齐，两旁店铺里的商品琳琅满目，让人目不暇接。慕雅德一路走去，他看到的第一家商店是水果店。才是五月天，就有了柚子、橘子和苹果。当然，浙江其他城市四月底就有淡黄色的枇杷上市，然后是小樱桃和杏子，夏天还有桃子和梅子。水果这么丰富，真让人羡慕。

水果店的旁边是一家火腿店。火腿一长排一长排地挂着。这些火腿切成片后又薄又香，虽然和约克郡的火腿毫不相像，却相当好吃。（老慕，英国的是培根、熏肉，好联想！）

沿着街道往前走，路边是一家铁匠铺。打铁师傅挥动大锤，铿锵有力。锤打处，星火点点，四处溅开。

挨着铁匠铺的是一家金店，敞开的柜台里摆放着纯金或纯银制成的饰品，装在漂亮的小玻璃盒里，精美异常。

金店往前是一家帽子店，在那儿可以买上一颗中国纽扣，或红或蓝或白（老慕，这不是纽扣，是清代的帽正，或者叫帽花。为什么会有那么多颜色？因为那是用玉石、翡翠、玛瑙等材料做成的），裁缝会帮你订缝。

靠着帽子店是旅行纪念品店（那么早就有了？），陈列着各色绫罗绸缎以及蓝绿布匹。

再过去是一家出售小鸟的宠物店，有来自日本的金丝雀、钱塘浅滩上的云雀、鹦鹉或马尾鹦鹉、鸽子、小禾雀，还有一只关在大笼子里的松鼠。

然后是贩卖烟斗的商店，眼花缭乱地挂了一根根或长或短的竹柄烟管，最长的足足有四英尺。铜制或镀银的烟斗被擦得锃亮锃亮的，那些精制的水烟斗也熠熠发光。

即便又过百年，再读慕雅德这些对杭州街道的记述文字，仿佛还能让人想到一百多年前杭州在稍显灼热的太阳下悠闲自足的生活场景。

慕雅德对杭州人的印象是：怡然自得，丰衣足食。

他入城时，看到杭州城内人头攒动，络绎不绝。川流不息的人群与老慕相遇，或与老慕擦肩而过。城市里有些人衣着考究，穿着绫罗绸缎；有些人已经换上了简约的夏装，穿着白色的丝绸或亚麻长袍，配上浅蓝或深蓝的束腰外衣，非常典雅。有些人撑伞遮挡毒辣的太阳。人人手里都拿着把扇子。

杭州人生活精致，到处是花。杭州人常植的花有：茶花、杏花、桃花、月季、红石榴花、荷花、水仙花、桂花，还有翠菊和菊花、木槿花、蜡梅花等。杭州街上多的是闲适的人，提着鸟笼在街上慢慢走。有的时候，他们会把鸟笼挂在低矮的树枝上，自己或坐或站，边抽烟边听着由画眉和百灵鸟发出的欢快婉转的叫声。

杭州的生活节奏真是慢啊！一对新婚夫妻约了老慕做结婚证婚人。明明说好是中午，慕雅德也在 11 点准时到达，但等了半天女方却没有到。男方表示了歉意。老慕很体贴地说：好吧，我旁边遛一会再来。遛了半个小时回来，女方还没有来。老慕说那我去爬个小山吧。下山回来，女方还没有到。直到黄昏时女方才花枝招展地来了。老慕这才明白中国人为什么叫结婚，原来办事都在黄昏。这样的生活节奏，真是毫无时间观念。

老慕认识到，杭州人之所以生活悠闲随意，是有个中原因的：一是生活水平太好，国家对普通家庭的苛捐杂税几乎不见。很多家庭祖祖辈辈从未接触过法律以及官员，生活得有滋有味，无拘无束。（这里需要补上一笔，国外从业者大多知道要买份保险，好让自己生活有个保障，但当时杭州人恐怕连保险是什么都不知道。）二是杭州人没有什么原罪感，也不必劳神过固定的神圣纪念日，生活舒心、坦然。中国人的生活忙碌而不仓促，一年之中，中国人偶尔会去寺庙拜佛。那时，人们会在道观或寺庙的庭院里看戏。舞台离寺庙大厅很近，这样祭坛上的神灵就能静静地和演员观众一起分享欢乐。观众们坐在舞台下面的院子里，贵宾席被安排在舞台周围的前排。剧目都在白天表演，很少会拖延到晚上，除非是在赶集的时候。中国人在寺庙这些地方上演戏剧，这点和希腊人倒是很像。普通的中国商人整年一直忙碌，到了新年这几天，就是大放松。年轻人和年长者聚在一起，店主和他的孩子或者学徒聚在一起，门窗紧闭，敲锣打鼓，甚至持续到深夜。娱乐呢？杭州街头有人玩杂耍，有人在寺庙里演戏，有人偶尔在闹市搭台卖艺。清明时节要给祖宗上坟，孩子们放风筝，风筝上写着"吉""春"等字样，这是中国人观念中的好词。

杭州人很友善，对人也很慷慨。总体来说，这是个体面而尊贵的城市。

这真是惊鸿一瞥。老慕让我们深入地感受到了城市的温度。

几段笔记，能够让大家领略到宋、元、明、清四个朝代的杭州市貌，体验杭州的商贸现场。但正如外邦人观察到的，我们还是应该注意繁华下的危机，保持盛世下应有的警惕。

参考文献

1. 丁光：《慕雅德眼中的晚清中国（1861—1910）》，浙江大学博士学位论文，2013年。
2. A.E.Moule. *New China and Old: Personal Recollections and Observations of Thirty Years*. London: Seeley, Jackson, & Halliday, 1891.
3. [朝鲜]崔溥：《漂海录——中国行记》，葛振家校注，社会科学文献出版社，1992年。
4. [意大利]马可·波罗：《马可波罗行纪》，冯承钧译，上海古籍出版社，2014年。
5. [摩洛哥]伊本·白图泰：《伊本·白图泰游记》，马金鹏译，华文出版社，2015年。
6. [法]谢和耐：《蒙元入侵前夜的中国日常生活》，刘东译，江苏人民出版社，1998年。
7. 曹星：《北宋时期日本入宋僧研究》，北京师范大学博士学位论文，2012年。

8. 宋涛主编：《元代杭州历史遗存》，杭州出版社，2014年。

9. ［日］成寻：《新校参天台五台山记》，王丽萍校点，上海古籍出版社，2009年。

明朝深巷卖杏花
——现代商业城市的雏形

根据西方学者卡纳西的观点,出于政治因素的考虑,世界各国都城的位置必在国防第一道防线之内,第一是显示自己的军事力量,不示弱;第二也便于战时调度。西汉、李唐王朝建都西安,面向西方劲敌;明代朱棣怎么着也要迁都,面向北方的铁骑。

但是从经济角度来考虑就不是这样。宋代大到都城、小到城镇的确立,以经济指标出发建设的考虑更多一些。只有城镇人口和商业规模达到了一定水平,政府认为已具备征税条件时,才在各城镇设置监官,顺便也征个税。南宋临安就是一座商业城市。

让我们穿越到南宋,去领略下杭州的风情。

一、吃个夜宵不算事

看过电视剧《长安十二时辰》的观众都知道,唐代都市里的百姓都被圈在一个叫"坊"的地方,就是各个居民点;各种买卖也被圈在一个叫"市"的地方,像现在的小商品市场。"坊"要宵禁,晚上不能随便出入;"市"也要早晚开门,各家商户先鱼贯而入,然后市门打开,买主入场。到了下午，集市关门，各回各家。城市的几套管理人马晚上都会出来巡逻，公安的、检察的，还有卫戍部队。居民如果没有按时回到家中，得赶快找个旅店住下。如果发现有人在街上遛弯，巡逻人员可以动武。厉害的可以一箭穿心；有的拿弩专朝你脚面上射，然后你就直接"frozen"（冻住，警察用语）了。这就是传统"坊市制度"，在中国流行了近千年。这一制度到后唐慢慢松懈，但是远没有像宋代那样松动的。

南宋时临安还有各个民坊，但就是居民区前立个牌坊，没有实质禁锢的意义了。大街小巷，居民楼之间，见缝插针的全是各色小店铺。而且这些小店铺都是大清早就开铺，到了傍晚才休息。餐饮分工极细，如果是宴客，就上热闹景区的大酒店；玩情调的，到湖上餐饮店；年轻风的，有立等拿走的快餐；年老的，选个茶室慢悠悠玩点茶。

临安人一天吃两餐，一般早点非常丰富，傍晚的大餐比较讲究，堂吃、外卖都可以。如果你想订外卖，可以自己到酒店那里下单。除了豪华大店，一般店都会接受订餐。餐做好后，小二会拿特制的外卖盒子装菜。这个外卖盒子是隔层的，自带热水层，可以加温。菜放入食盒，送到府上，打开后，菜还冒着热气呢。那么一天两餐不饿吗？应该不饿，因为除去早晚餐，不在这个时段的都可以叫点心。点心可以全天候供应，春秋四季不带重样的。比如粥，夏天有豆子粥，冬天有五味肉粥，应景补气；糕，就有糍饼、雪糕；汤，有二陈汤、甘豆汤等。

临安人晚上吃个夜宵当然更不是事了。

杭州有三种类型的市场。第一类是日市，白天各大专业市场都开放，各类店铺正常营业，在市场中会穿插着一些卖蜜糖糕、灌藕、时新果子、生花果、鱼鲜猪羊蹄肉的。还有应景的小吃，比如冬天有炒栗子。这些卖食物的，各有各的势力范围，像中瓦这块，终年坐着个点茶婆，除卖点茶之外，还带搞笑与娱乐；还有专卖虾须糖的；还有老头摆个射箭娱乐摊兼卖糖；等等。

第二种类型是夜市。到了晚上，又有一拨人出来，主营卖卦、算命，以及各种小吃：有生煎摊，卖煎鱼、煎肠；有糕饼摊，卖千层糕、馅饼；有汤水摊，卖香茶、异汤；有熟食摊，卖姜虾、腊肉；有糟肉摊，卖糟羊蹄、糟蟹；有面食摊、汤羹摊，再夹些卖果子的走街贩卖小商，夜市热闹至极。直到三更之后，还有人提着瓶子卖茶。

第三类是早市。杭州最主要的大街，基本上通宵达旦，夜市要开到三四鼓，五鼓时早市又开了。所以早市基本连着夜市。而且早市食品丰富，货色不胜枚举。

晚市接着早市，无论哪个时段出来，都不会亏待了胃。

二、吴自牧的立体导购手册

吴自牧的《梦粱录》很像临安（杭州）导游手册，游客可以按书索骥，找到最时尚的东西。

如果男子要把想自己拾掇一番，可以琢磨这样走：先在保佑坊孔家店铺买到最好的头巾，然后到清河坊季家铺买云梯丝鞋，到顾家采帛铺买最好丝帛，转到官巷口做件衣服，顺便到宋家抹领销金铺，把衣服装饰也配了，最后去小市周家买个时尚的折扇。

女孩子穿戴更复杂了，官巷口是一定要去的，那里有卖装饰品的,比如盛家珠子铺、刘家翠铺、归家花朵铺等,总有最新的头钗样式;修义坊北张古老家的胭脂铺又到了新品,肯定也要去看下;小市里舒家体真头面铺会不会有新假发,肯定要体验一把。总而言之,时尚女性的化妆用品、油膏、香水、睫毛膏、假发等,市面上都能找到。

宋代人不论男女都喜欢簪花,女孩子尤其喜欢,买花,就到寿安坊一带。

这种游历式购物,适合于闲逛。如果想速战速决,货比三家,那最好去专业市场。这叫"团行",比如买金器,去官巷口,那里金银铺兼民间性质的银行多达百余家,密集程度,真比现在的奶茶店还甚。金银铺可以兑钱,也可以买金银器,沈家、张家金银交引铺和天井巷张家金银铺都是很有信誉的店铺。

买丝绸,就要去都城天街和平津桥沿河一带,那里有上好的彩帛与上好的布匹,有名的就有顾家彩帛铺,市西坊北有钮(纽)家、刘家、吕家、陈家彩帛铺等。彩帛多由湖州、苏州等地运来;布匹则是由福建、广东运来。

买米,自然去城北余杭门外的米市,米的品种也很多,早米、晚米、科春、上色米、中间色米、红莲子、黄米、蒸米、黄芒、上秆等等,这些米多由嘉兴、湖州、苏州一带水道运来。其中湖州的米特别有名,所以这里又称作"湖州市"。明清末杭州留下的茶市,周围是产茶区,又是水路要道,一到春天,各地的茶商汇集杭州,老字号就有升和祥、马礼茂、源茂、松茂、桐茂、万茂等。

买肉,有城南北两个市场可以选择。肉铺也进行了一番装饰,铺内侧悬挂了一扇扇猪肉,一路数去,每侧均有几十个铺子。除了吃猪肉,杭州人还喜欢吃羊肉,一到冬天,还有从绍兴一带专门贩运羊肉的商贩。羊大为美,羊肉也贵,不是一般人家能够经常消费的。

买蔬菜,也有专门的菜行,在新门外南北土门,或者东青门外坝子桥一带。四季水果不断,罗浮柑、洞庭橘、福建龙眼、越州樱桃赶趟似的上市。买水产可以到荐桥门外,或者城北余杭门外运河边,从湖州、秀州、苏州等地运来的淡水产都在水道的港口埠头停泊。从明州运来的海产水鲜,也在城市外缘入港,候潮门外有鲜鱼行、崇新门外有蟹行、便门外有南海行。渔船一到,就地卸货开卖,海产湖鲜,应有尽有。吃品一丰富,口味也刁钻起来。宋代洪迈《夷坚志》里记了好几个杭州人特殊口味的故事,虽然不算史实,却可以看到当时的民俗。比如杭州人喜欢吃海蛳,海蛳这是小海鲜,一盘吃下来也没有什么肉,但是杭州人最爱。有个小商人叫张四的,专门经营炒海蛳,成了网红店。杭州人还喜欢吃青蛙,就有钱塘人沈全、施永到处寻货源,终于在城市郊区灵芝乡找到了一个大池塘,那里简直就是青蛙王国,他们每天捕青蛙到城里卖。当然,这种行为在当时就是破坏生态的,受到了百姓们的谴责。

一般来说,城市里面的团行货品精细高档,属于奢侈品专卖;城市边缘就是柴米油盐酱醋茶的生活品市场。想想道理也很简单,城里土地金贵,寸土寸金,当然只有利润高的行业才能安置,利润低的也只好在城市边缘站脚。听听有关杭州十大古城门的民谣:武林门外鱼担儿,艮山门外丝篮儿,凤山门外跑马儿,清泰门外盐担儿,望江门外菜担儿,候潮门外酒坛儿,清波门外柴担儿,涌金门外划船儿,钱塘门外香篮儿,庆春门外粪担儿。可以知道这些城门外围都产些什么了吧。

生活质量要好，服务业很重要。宋代人说，当时市场上有414行。数字是不是精确还有待考证，但有一点，服务性行业占了大多数。南宋时杭州这些服务称为"作分"。比如说要做个服装，要专门订制，找裁缝作；打个家具，找木作；家里桶坏了，找箍桶作。另外有专门修理灶台的、磨剪刀的、修碗修锅的。这些作分再往下分，还有更细的分工，比如做衣服，还专门有钉珠片、做衣领、制腰带的。这些还是有手艺的，如果只是做个粗活，街上有帮闲，随便叫声就能跑个腿干个粗活。

南宋临安有两样现代人很熟悉的东西，一个是牙科诊所，那时也有，叫牙梳铺，全城还不止一家，分区域服务；另外一样就是公众浴室，号称香水汤，现在每家都有浴室了，公共浴室也就少了，三十年前，绝对也是个热闹的地方。

还有一样可能现代不太流行，那就是玩香。李清照《醉花阴》中说"薄雾浓云愁永昼，瑞脑销金兽"，"东篱把酒黄昏后，有暗香盈袖"，香进入了女性日常生活。吴自牧《梦粱录》说文人四事："烧香点茶，挂画插花，四般闲事，不宜累家。"香是文人生活的常用品。《武林旧事》中说南宋临安的酒楼中有老妇人专门为客人提供选香燃香的服务，称为"香婆"，说明当时的香进入了公共场所。《梦粱录》里说南宋临安夜市上多有卖香的，"夏秋多扑青纱、草帐子、挑金纱、异香巧袋儿、木犀香数株、梧桐数株、藏香"，说明药香的消费非常普及。各大香药铺和香铺的竞争也是相当激烈的。各大香药铺会在节假日做促销活动，"又命僧道场打花钹、弄椎鼓"来吸引消费者。辛弃疾说上元节晚上"宝马雕车香满路。凤箫声动，玉壶光转，一夜鱼龙舞"，想想，南宋临安不知道是个怎样香气扑鼻的城市。

还有整套服务的，比如"四司六局"，有点像现在的庆典服务公司，专门给人操办筵席、婚庆、丧仪等，喜丧事通吃。只要谈妥了规模、价格、时间，到时只要等着，服务公司上门提供全套服务：布置场所、发帖请嘉宾、调用设备器具、采办各色货物、设计典仪流程，还管环境维护，服务到家。他们的服务口号是："烧香点茶、挂画插花。四般闲事，不宜累家。"

三、满街流行是广告

南宋的临安商业广告算是比较发达了，空中地上，视觉听觉，能够想到的方法，都被他们玩了个遍。

一般提到店家广告，就想到招牌与幌子。招牌多是一块匾额，有横、有竖，有挂在墙上的，也有立在地上的。南宋御医王继先，祖上传一灵验丹方，名为"黑虎"，王氏花重金请秦桧书写"黑虎王家"四字作为招牌，因此闻名遐迩。店堂里面的对联，也有广告作用。比如南宋朝廷里的御医有时候也会挣外快，就使用政府名义大打广告。有个御医有些文才，撰写广告词兜售其药方，如"借他万国九州药，不如老朽药一方"。最有名的一副药联，叫"熟地迎白头，益母红娘一见喜；淮山送牵牛，国老使君千年健"，据说也是出自南宋某御医之手。这个广告水平真是高！

再说幌子。幌子本来是指垂下的布条。布幌子唐宋前是三角的，宋代多用长形，大约三尺长。唐代酒幌多用青白布制成，所以酒店"青帘"在望。宋代的酒幌角色要丰富得多，而且缝得又很别致。

招幌能够说明店铺的性质。比如药店门前挂个葫芦，寓意"悬壶"济世。卖儿童玩具和食品的，就用木头刻一个馋嘴的孩子站在门口。袜铺门前挂个袜子，又好玩又明白。钱铺，铺前列些金银器与见钱。公共澡堂，挂着壶，颇有来历。说是上古时候，军队打井，井打成以后，让在井上悬一个壶，壶是盛水的，这样就提示了井中有水。看看，宋代的浴室不仅有标识，还有文化。

广告不仅说明了经营的品种，而且有商号，比如南宋临安的"陈妈妈泥面具风药铺"。不仅有商号，极有可能还有商标，又比如"双葫芦眼药铺"，从字面判断，也应该以"双葫芦"为商标。

有的商号还借名人来搞噱头。临安的严医生，坐堂行医兼开小药铺，专治痢疾，小本经营，病人不多。一次恰好碰上宋孝宗患痢疾，久治不愈，遂召集民间医生问诊。严医生应召入宫，果然医术了得，治愈了皇帝的痢疾。孝宗大喜，授其官为"防御"，又赐以金杵臼物件一件。金杵臼就是捣药的工具，但皇上所赐，意义非凡。严医生打出"金杵臼严防御"的幌子，从此药铺名声大振。杭州还有"金马杓小儿药铺""金药臼楼太丞药铺"的幌子，是不是皇帝也请他们看过病，不得而知。

商标不只在商店，也铭记在商品上，杭州老和山南宋墓出土的漆碗、漆盘，外壁均有"壬午临安府符家真实上牢"的铭记。这种铭记，是"物勒工名"的发展。早时工匠要铭刻自己的名字，是为了明确责任，可以更好地追责，不过在漫长的变迁中，优秀的产品铭记就成了品牌的标志。所以产品特别牛气的，也喜欢在商品上留下自己的标志，这就是后来的商标。

有的店铺仅用一种广告方式，有的整体采用，气势很大。有人统计过，《清明上河图》里就有各色的招幌，其中广告幌子有10面，广告招牌有23块，灯箱广告至少有4个,大型广告装饰——彩楼欢门有5座。比如"孙羊店"不但缚有豪华的彩楼欢门,门首挂红栀子灯,还用一只灯箱打出"正店"的名号,又用另一只灯箱打出"香醪"广告,表明本店出产的美酒品牌,更用长杆挑出一面迎风招展的酒旗。酒楼前有栀子灯,用的是暗语,说明里面有妓女,提供特殊服务。

在视觉广告之外,还有声音广告。

南宋大街上的行脚商,店铺门前就有"门童""小二",候在门口,一边拍手,一边吆喝,有时还会模仿顾客吃饭时发出的"嘘嘘"声,增强揽客效果。还有叫卖声,又称市声,更是省钱有力,卖花的、卖点心的、卖蔬菜的、卖手艺的,各有各的腔调。

作为一个标准临安人,范成大这位大诗人听过的吆喝声很多,而且这些吆喝声又会定时响起,所以,他的日常起居就是由这些吆喝声来确定了,比如说什么时候起来,听菜市场的声音就好了:菜市响起人声,说明天要透亮了。家里煎着药,什么时候药煎好?只要听卖饼的小贩走过,药就算煎成了。范成大每天还以欣赏音乐的心情听窗外一个卖药人的吆喝。范成大写诗的时候已在临安住了九年,卖药人的吆喝声听了九年,这吆喝声悠扬舒缓,让他很受用。哪天卖药人不吆喝了,范成大就像缺少了一件日课一样感到忐忑不安。

客居临安的陆游同样对市声充满好感。他住的巷子不算是临街的房子,可也能听到卖花的声音。在一夜的春雨之后,空气仿佛被滤过一样,叫卖声音格外悠扬悦耳。《东京梦华录》中说,这种调子是"采合宫调"的,也就是说是用正规乐调来谱的,合仄合调,很有音韵,怪不得这样好听。品着陆游的诗,即使千年之后,似乎还能回味这清纯的声音。

当然也有恶搞的。杭州城中有一专售疝气药的王家药肆，因为病人少，便请名匠刻了一头木牛置于门口，请嗓门大的人模仿牛叫。难听归难听，生意倒是起来了，上门求药者络绎不绝。

市声叫卖的高级形式就是伴奏类叫卖。杭州有一家酒楼，卖梅花酒为主。生意清淡时，茶楼用鼓、笙、梆子、唢呐之类的乐器演《梅花引》，以招揽顾客。当然，那些卖乐器的，也会吹着笙、弹着弦一路走过。挑担子卖脂粉针线的货郎，则以经典的造型出场：担着琳琅满目的货担，一边手摇着小鼓，或者敲击悬挂在担在的小锣，招呼少奶奶、主妇们出门观看。这种行货样式有个专有名词，叫"惊闺"，意思就是让闺房里的妇女们好注意了，一看就是专门面向女性的生意。杭州有个化妆品孔凤春，为萧山人孔传鸿所开。孔传鸿就曾是个走街串巷，背着木箱高叫"卖刨花"的人。"刨花"，是榆树木刨下来的薄片，具有丰富的胶汁，用清水浸泡刨花，成为粘而不腻的"刨花水"。

更绝的是活人广告。各个商家的服饰不一样，一看就能知道这家店是干什么的了，比如经营香铺的店员戴顶帽，穿褙子，感觉就是戴了顶风雪帽；钱财库的伙计头上裹巾子，身上一般是黑色衫子，戴着角带。

除此之外，还有印刷品广告。南宋时雕版印刷技术已经很先进了。现存上海博物馆的"济南刘家功夫针铺"的印刷铜版，就是相当珍贵的宋代广告印刷史料。杭州当时的书商都习惯把自己的书坊名字印在书中，比如"三桂堂""钟家印行""陈家书棚"等。

第四章 包容开放

济南刘家功夫针铺的铜版及拓片见证了宋代繁荣的印刷业

  妇科大夫陈沂，因为给赵构的妃子治好了病，赵构赏赐御前罗扇，于是该店老板就印刷有御前罗扇模样的传单到处发放，"大扇陈"从此名声大振。与此类似的还有"金钟李氏"，因治愈皇子肠痈，皇帝赐官不做，却接受了所赐的金钟，悬在门上，并印刷大量有金钟图案的广告纸片送给顾客，"金钟李氏"亦名噪数百年。洪迈在书中记录了"治暑泄药"的药方广告，四字一句，把药的成份、功效、制作写得明明白白。把印刷广告与招牌、幌子相互结合起来运用，尽现民间商业文化特色。

  当然，搞些小活动就更能够招人眼球。

  南宋临安商人想出了个"撒暂"的方法来吸引客人。"撒暂"，按现代的说法就是免费试吃。小商贩拎着篮子走到酒楼里来，看到有客人坐在桌边，不管你买不买，先拿出一把果子放在桌上，让你免费品尝。这个就叫"撒暂"。吃得好就买一些，吃得不好就不买。还有一种办法叫"买扑"，这个词换个现代说法，就是竞猜博彩。怎么做呢？就是把商品当成彩头，花一点小钱来参加活动，活动胜出就能拿走商品。看看，这种活动现在也很流行吧。

庆典式的广告盛会也不能少。

每年的新酒上市，就会出现阵容强大的新品营销游行，叫"开煮迎酒"。这个事情，在《都城纪胜》《梦粱录》《乾淳岁时录》里都有记载，这是政府搭台、企业唱戏的样板，直接开启消费场景。我们大致复原一下。

每年寒食节左右，是新酒上市的时候，各个国营酒库、名特优酒店，都推出自己的新酒。每款得奖的酒品都会被书写在三丈多长的布条上，用竿子高高挑起，标明酒的口感、品类和酿酒匠人。每库都有自己的特聘官妓，相当于现在的"酒模"。在队伍前面的妓女，总共有三四十人，个个花枝招展，穿着漂亮的衣服，头上簪着花朵，人如桃花，骑在马上，这是第一方阵。

接下来是每个酒库的展览方阵。得奖的官库也选了两个代言人，代言人穿着朱红的大衫，带领自己的队伍。每支队伍中还选了五十多个小姑娘，拿着小酒杯，一路上让看客尝试自家的美酒，这就类似于现在的推销。队伍中还有歌手与乐队，组成演出方阵，有的方阵表演台阁，有的方阵是装饰表演，扮演仙人大公，还有的就是杂耍、说唱，一路演下去，热闹至极。

看热闹的人就更多了，有人自己准备了点心、蜜饯、瓜果，就着推销的机会过品酒瘾，还互相劝酒。这支队伍的速度也真叫慢呐，一大圈围观品尝劝酒，半天都挪不出半里地去。后来政府一看，实在不行，不许围观者劝酒。即便这样，广告效果很好，销售量"倍于常时"。南宋使用女酒模，还是袭北宋之风，但是食客可以到官库点花牌招妓，这绝对是南宋首创。

四、争奇斗艳的茶楼饭馆

茶楼最能代表南宋的精神追求了，南宋临安的大茶楼便有二十多家。宋代茶馆不仅装饰雅致，而且十分重视口味提升，有的悬挂名人字画，有的则放置鲜花、盆景，很注意环境的优美。由此发展出了宋人四雅：插花、挂画、点茶、焚香。上面说过"四司六局"全面承办四事，也能说明这种高雅爱好已深入民间。

茶楼里不仅卖茶，也卖汤水，相当于现在的果汁、饮料一类。据记载，茶楼里的汤水一年四季不重样，有卤梅水、姜蜜水、木瓜汁、金橘团、荔枝膏水、香薷饮、紫苏饮等。

不只如此，茶楼还分级别，由不同女性作陪。高档茶楼，有女伎作乐；低等一点的，有女性出来唱歌，但有时也有风月故事发生；再低等一点的，就是以喝茶为由头，直接从事皮肉生意了。所以你如果到了南宋的杭州，需要小心别走错地方：高档次的茶楼，通常是在繁华地界、皇宫附近，曲子也幽雅清静，叫的名也好，比如"清乐茶坊""八仙茶坊"；第二种茶坊，就在坊市之中，歌乐喧天，叫的也俗气些，比如"太平坊郭四郎茶坊""俞七郎茶坊"；第三种茶坊，几乎不见茶水供应。

熙宁年间，杭州的茶楼里传颂着一件拾金不昧的好事。

镜头闪回：杭州某茶楼。

福建邵武商人李氏与杭州友人会面，两人谈兴正浓。

李氏就说：故人故景，五年一别，原来的茶楼原来的人，真令人又喜又伤心。

朋友问：为什么伤心呢？

李氏说：五年前与你在此相会，不瞒你说，代价太大。说得兴起，临走忘记拿钱袋了。白白丢了几十金呐。

朋友说：店家还是原来的店家，你不妨问问店主，有没有见你的钱袋。

李氏笑道：怎么可能！都五年了！

朋友说：不妨叫来小二问问。

两人叫过小二来，细说了一遍故事。

小二听得仔细，又详问了钱袋的颜色、数量多少，答应去问下店主。

不一会，店主人亲自上来，客气地又询问了一下。李氏又描述一遍。

店主人拍手说：终于等到失主了。

赶紧叫小二去拿包裹。不一会小二拎了一个钱袋上来。

李氏一看，果真是自己的包裹，打开一看，哇，一个子未动。欢喜之极。就要拿钱出来感谢店主。

店主坚辞，说这是开店本分。

李氏又要请店主去豪华酒楼吃饭表示感谢。

店主又坚辞。

茶楼里喝茶的客人纷纷拍手,这件好事算是不胫而走了。

换了当代,店主够评一个"最美杭州人"了。其实,这就是临安人富而知耻、富而有礼的例子。

南宋杭州的大小酒家数以百计,街巷分为官营和私营两种。据《都城纪胜》记载,官营酒楼有十多家,像太和楼、西楼、和乐楼、春风楼、和丰楼、丰乐楼、太平楼、中和楼、春融楼。民办的有三元楼、五间楼、熙春楼、花月楼、嘉庆楼、聚景楼、风月楼、赏新楼、双凤楼、日新楼等,多在热闹的市区与景区。酒楼布置与

美国弗利尔美术馆收藏的《西湖清趣图》上,清晰可见钱塘门外"先得楼"酒楼的"拣到诸库好酒供应细食""钱塘酒库""上等碧香"(自右向左)等幌子

现代很接近，普通消费在一楼，雅座在二楼。想上二楼的客人得掂量掂量自己的酒量与钱袋。酒楼接待热情，有迎宾小童先招呼客人入座，奉上一杯"点花茶"。入座后上看菜，客人叫菜买酒。伙计精通业务，一百多个菜背得滚瓜烂熟，一经点定，伙计"传唱如流"，上菜时一路小跑，动作麻利。为了配合食客，饭店还配备有专门乐队，供客人点曲献艺。有挑剔的客人，边吃边改菜单，或者不断变换口味，伙计也能一一应付。现在有的酒楼不许客人自带酒水，南宋临安的酒楼可没有这规矩，你可以自己带饮料，甚至带食材来加工都是可以的。酒楼也欢迎各种小商贩进来客串，卖个烧烤啊，卖个点心啊，卖个汤水啊，都允许。还有歌手进来献唱，店家也不反对。

城中更多的是小茶楼、小饭店、小茶馆。小店讲究干净、有特色，错位入市。有的选在僻静的街巷，适合文友会面；有的选在湖边，装饰得像花园一般，临轩望湖，心旷神怡；有的选在贡院门口，专做考生生意；有的专选官宦旧宅改装，装饰得像民宅一样。还有更小的点心铺子与小食铺子，更是有专门的食谱。这个层次与分布，也很像现代的城市餐饮。

五、城市娱乐，让你嗨个够

我国传统的演出是与巫术或者宗教仪式相关的，这让演出带有神秘与神圣的意味。当这种表演的娱乐性加强之后，它滑向了娱乐。但早期的娱乐项目也并不是所有人都能看到的，只能在宫廷与贵族圈子里才能看到。但是到了宋代，大众艺人大量出现，他们走上了街头，为城市的居民表演，这使得城市娱乐分层现象明显。

南宋时临安的游乐场叫"瓦舍"，繁盛时大型的场所有 20 来所，遍及城中以及郊区。皮影就是室内表演的典型形式。皮影表演需要张起一张白屏，演员藏在屏后，摆弄皮影道具，有光束将影子投到屏上。正面看去一个个影子在屏上晃动。早期的影戏不会有许多对话唱词，但是观众也看得如痴如醉，毕竟这是世界上最早的光影戏。

除了皮影，还有木偶一类的傀儡戏。木偶被举在杖上进行操作，或者是从上方垂下绳来操纵。操纵人边控制偶人，边配合着木偶的动作念出说辞、发出声音。

真人演出多以讲故事为主，比如讲历史的喜欢讲三国，讲故事的喜欢讲传奇、公案、灵怪。

还有各类舞蹈，比如舞旋、舞蕃乐、舞花鼓等，有独舞也有群舞。

唱戏，这时有了杂剧以及南戏，有表演、有唱腔、有故事、有化妆，已经比较成熟了，与之前的简单表演有了明显不同。

除了固定地方的演出，还有露天的勾栏。勾栏多在城市庙观前的空地上，围出一块空地就当场表演。这些表演多是魔术、幻术与杂技之类。什么踢缸、踢钟、爬杆之类的技艺，还有喷火、吃针一类的功夫，更有藏人、虚空挂香炉一类的魔术。挤挤挨挨的人群中，还会出现一队卖唱的队伍，沿街表演。甚至还出现耍蛇表演。

杭州人号称有"杭儿风"，意思是喜欢追热闹。到了各种民间节日、社庆，庙前场地上乌泱泱一片人头。地方神祇的纪念日子也多，好在南宋时公共空间多，城东有吴山行宫、泥汤镇行宫，城南有土昙山，城北有临

明人戴进在《太平乐事图》中绘有当时的木马玩具

平行宫，城西有法华山行宫。一到节庆，城里人纷纷赶往各个场所烧香。神祇的纪念日也是商家的忙碌日子，除了施舍蜡烛香水、斋资供米开展活动外，也要准备商品销售。市民也找到了自己的秀场，个个打扮得齐整光鲜，前往各个庆祝地，时人称"斗宝大会"。

当然，西湖边的热闹事更多。寒食前后，天开始热起来，西湖就一天比一天喧哗。各种船只布满湖面，官家的大船在前，一般市民租的小船在后，浩浩荡荡在湖里开展竞技活动，观者如堵，沿湖一带的旅店客人爆满，白天还搭起临时的棚帐，就算这样也无法容纳更多的游人，有的游人只好站着吃饭，或者在卖茶的地方临时坐坐。湖边的寺庙里也满是游人。

到了重大节日，那就是大商机。比如端午，按俗是要吃粽子、插菖蒲、喝雄黄酒的。杭州把这节俗放大了好几倍。吃粽子,那就不光是吃了,还要用它搭出各种造型来,什么楼阁、亭子、车子之类,可以拿回去摆放。插菖蒲,那也不只是菖蒲样了,更多的是插花,插各种各样的花。南宋商人统计过了,钱塘有一百万人家,每一家只买一百钱的花,一天花的销售量就是一万贯。花这个东西,还得每天换新的,爱美的姑娘插一朵不行,得插两三朵,那么生意更要翻番。喝雄黄酒,当然也不只是雄黄酒,各种酒都可以喝。

过节嘛,还得有些其他常备物品,什么呢?香烛、纸马、果品,供奉用啊。过节还要送礼,备盆花送个礼,也是人之常情。

当然过节还要出来赏景,除了商业区,沿湖的店铺生意好了去了。

过节就是花钱,没有钱也要弄个节日出来,怪不得现在整出个"双十一",孤独只是一小部分原因,重要的是花钱填孤独。

居民分三教九流,兴趣爱好也各有不同。娱乐也进行分层,搞各种小团体。比如文人搞了个西湖诗社,武人们就搞了个射弓踏弩社;信道教有灵宝会活动,佛教有上天竺光明会。

各种小团体都有自己的活动场所。富二代与官二代们喜欢去大茶楼喝茶。大茶楼里不仅张贴着名人书画,装饰得光彩夺目,而且还空间二次开发,变成了"戏曲学习班"。这些闲客一边喝茶,一边学学戏曲。商人则喜欢在普通一点的"人情茶馆"里交流信息、饮茶取乐,茶楼也专门准备了朋友集会用的物件。和尚们则在寺庙里研究他们的茶仪,举行各种"斗茶"活动。"斗茶"是"点茶"的升级版。"点茶"是先在茶盏中放茶末,然后注入适量的沸水,均匀搅动,调成具有一定浓度和黏度的膏状物,然后把煎好的水注入茶盏中。点汤时要注意持瓶手臂的灵活运转,要有节制,落水点要准,注水时水从瓶嘴中喷薄而出,形成水柱。南宋刘松年《斗茶图》反映的就是在大街上两个卖茶客比试"点汤"技艺的情形。

〔南宋〕刘松年《斗茶图》

"斗茶"更讲究，需要看汤色、审汤花。在点汤的同时要用"茶筅"旋转击打和拂动茶盏中的茶汤，使之泛起汤花。茶筅的运用要视需要分轻重缓急与幅度大小，上下打动，适时适度，才能达到最好的效果：以汤面表层幻化出花鸟虫鱼、山川风物、文字书法等物象，而且不会出现水痕为上。这个是很考技术的工作。不只高僧大德，文人雅士也喜欢做这个游戏。

生活条件一好，人就爱养个宠物什么的。现代有专门卖狗粮、猫粮的店，当时也有。比如养个狗，就有专门供应饧糠的；养猫，就有专门供应鱼鳅的；养鱼，就有专门供应鱼食的。当时杭州人还养时尚宠物：蟋蟀。在官司巷口的南北市门口专门设了场地斗蟋蟀。为了满足娱乐的需要，就有乡下人捉蟋蟀来卖。蟋蟀住的笼子很豪华，最高档的，用银丝掐成；稍次些，住的是黑退光笼；最差的，就是瓦盆竹笼。蟋蟀按战绩贴签出售，战神级的，可以卖到一两银子；打趴两三个对手不含糊的，也能卖到一两贯钱。

不仅如此，娱乐业还经常跨界，像饭店的老板也加入到文化出版队伍里来了，他们把客人题在客店屏风上或墙壁上的优秀诗歌录下来进行刊印。文人也爱上了手艺活，自己合个香、制个墨。悠闲的时光里，他们喜欢收集各种消息来编成一本本小册子，将生活中最平常的场景作为主题画成画作出售，世俗画、小品画应运而生。

有人说了，想在过去时代里找一个最接近当今社会的时代，那一定是宋代。因为宋代的商业已经发展到一个很高的高度，让百姓感受实在的便利与物质的大丰富。但是物质条件好了，还是应该有点精神上的追求的。

现代作家鲁迅不太喜欢杭州，认为杭州是"销金锅"，对杭州的过奢民风提出了批评。

参考文献

1. 林正秋：《略论南宋杭州繁荣发达的商业》，《杭州商学院学报》1981 年第 3 期。
2. 何忠礼、徐吉军：《南宋史稿》，杭州大学出版社，1999 年。
3. 〔宋〕吴自牧：《梦粱录》，浙江人民出版社，1980 年。
4. 〔宋〕西湖老人：《西湖老人繁胜录》，中国商业出版社，1982 年。
5. 〔宋〕周密：《武林旧事》，李小龙、赵锐评注，中华书局，2007 年。
6. 唐成飞：《宋代都城商业广告刍议》，华中师范大学硕士学位论文，2011 年。

第五章

诚信勤勉

古杭商道 HANG ZHOU

商人能够在商场上立足,是内炼功力、外闯市场的结果。诚信与勤勉就是商人成功的必由之路。勤勉是商人内在的精神与品质,诚信则是对市场与客户的承诺。

胡雪岩是历史上鼎鼎有名的红顶商人。他能够成就商业的辉煌,就是凭借其诚信勤勉的商业素质,及时调整商业策略,将自己的商业事业做到最好,从而赢得市场以及政府的认可。

历史上,杭州的扇业极为发达,但是扇子市场的竞争也颇为激烈。晚清以后,"舒莲记"与"王星记"先后执扇业之牛耳。除了在质量上精益求精之外,他们注意到时代对商业的要求,孜孜以求跟上时代的步伐。

杭州的餐饮业值得大书一笔。杭州的餐饮老字号,无论是楼外楼、奎元馆,还是知味观、皇饭儿,都是从小店铺做起,踏踏实实做大做强的。这些老字号不只对菜品质量严格控制,还与时俱进推陈出新,而且懂得市场要求,努力将物质文化与精神文化结合在一起,从而使自己的字号的文化价值得到提升。

高悬匾额戒欺客
——胡雪岩行商秘诀

清代商人中又能戴红珊瑚顶戴,又能穿黄马褂的仅胡雪岩(1823—1885)一人。而红顶商人胡雪岩的商业传奇,可能是中国商典中最让人津津乐道的案例。在台湾作家高阳的笔下,胡雪岩以一个穷小子出场,从做伙计开始,到进入钱庄,到押宝文人王有龄,到结识王有龄靠近官场,到在战火中与左宗棠相识,到从容应对各种变局扩展产业,再到从钱庄开始投资各种行业、成为"财政厅厅长""省长",一度成为荣耀至极的红顶商人,最后一下子跌入人生低谷郁郁而终,真是太有戏剧性了。

小说毕竟是小说,有的情节就不太靠谱,比如投资王有龄的情节,就不是史实。应该说,胡雪岩的一生,因为与官场走得很近而如鱼得水、青云直上;也因为离官场太近而受到排挤,万贯家财,一朝散尽。褒扬的,恨不得把他所有事迹都拿出来做成经商典范;贬低的,说他八面玲珑、精明势利、官商勾结。比较靠谱的,是把他放在晚清动荡的社会现实背景下来看,乱世生存已是不易,在乱世中借势行商生财,定有不一般的魄力与眼光。

让我们透过红顶商人光鲜的外表,回到商人的本分来看看胡雪岩的本真。

一、守信的树下少年

道光十六年（1836），安徽绩溪的官道上。

日头已经西下，官道边的高树拖出长长的影子。树下，一位少年安静地盘坐着，来回打量官道上来往的路人，脸上没有什么表情。

突然，远处走过来一位神情焦灼的中年男子，他的眼光在道路上搜索着，还不时地抹着脸上的汗水。

看到少年人坐在道边，中年人开口问：孩子，有没有见过一个包裹？

少年人不慌不忙地说：我是捡了一个包裹，不知道是不是您的。请问您的包裹什么样？里面有什么？

中年人一听有戏，赶紧仔细地描述了包裹的形状，一一说出包裹里的东西。

少年听了站起来，转到树后，提起了一个包裹。

中年人一看，眼睛发亮：正是自己不小心遗失的包裹。

中年人问：我丢包裹是在晌午，你就等到现在？少年人点点头。

中年人点头赞赏道：你这么实诚，做事又有章法。跟我走吧。我姓蒋，有一个粮行，我收你做徒弟。

少年人说：您说的，我记住了，但我得回去问问我母亲。如果她答应，我就来找您。

中年人说：你很孝顺，又那么诚实，你母亲真是教子有方。

这位拾金不昧的少年正是胡雪岩。他在放牛时发现了这个包裹，于是马上向同伴交代了放牛的事宜，坐在树下等失主。胡家本来还算是小康之家，但父亲一死，胡雪岩的母亲（胡家的小妾）与胡雪岩就被扫地出门。即便如此，胡雪岩母亲金夫人还是非常阳光，笑对生活，告诫孩子要诚信、守信、有担当。这些教诲，无疑给了少年胡雪岩深刻的印象。他拾金不昧，就是他诚信本质的外露，这一次，这一良好的品性给这个放牛郎带来了机会。

第五章　诚信勤勉

胡雪岩像

二、伺候人中找机会

蒋老板的粮行在大阜,并不算大,但少年胡雪岩还是看到了另一片天地。他勤劳肯干,很快熟悉了业务。但是他发现粮行并不是他的归宿。

有句话:人找机会,机会不找人。粮行这天来了大主顾,是金华火腿行的掌柜。他一到大阜就病倒了,上吐下泻,一病不起,病倒在客栈。蒋老板一看,得找个人伺候啊,只好开了个全店动员会。别的伙计认为这活太低等了,不能干,只有胡雪岩不这样认为:伺候人不也是为老板分忧,表现自己的机会吗?

他把金华客人伺候得妥妥的。

客人病好之后,执意要把胡雪岩带到金华去。

胡雪岩也愿意去,只不过,得征得蒋老板同意才行。

蒋老板一听很不愿意,但是金华比大阜要大,为了胡雪岩的未来,也就忍痛割爱,还竭力勉励了胡雪岩一番。

一个伙计要离店,还能受到店主的勉励,如果不是主人对他很看重是不可能的。

胡雪岩正是有忠人之事、成人之美的气度,才能将周围的人变成他的贵人,才能从微小的事业出发,慢慢向前发展。

从事火腿行也不是胡雪岩的理想,但在火腿行他接触到了银票,这使他的理想有了具体的形象:去钱庄发展。他又发现，钱庄的先生到店里，店里人不是很热情，他就趁机大打热情牌，又是请吃又是请喝，让这些收账先生感到温暖无比，也愿意与这个热情的小伙计聊天。

从聊天中，胡雪岩知道了钱庄伙计的必备素质：算盘必须打得好，心算必须算得快，字必须要写得好。总结完，他马上投入学习，自学打算盘、练字、练心算。很快，他的心算与算盘技术都提升了一大截，字也写得既快又漂亮。

显现才能的时候很快就到了。

一次，钱庄老板亲自来收账。胡雪岩在端茶时看了下账单，就告诉钱庄老板钱算错了。钱庄老板大惊，又一次复核，果真如此。火腿行里居然有个神算盘，让人吃惊啊。钱庄老板就问小胡同学认字吗？胡雪岩马上写了几笔字，既快又好，又让钱庄老板吃了一惊。这样好的苗子简直就是为钱庄准备的。钱庄老板马上递话给火腿行掌柜，想要带走小胡同学。

一番讨价还价，火腿行掌柜也只能忍痛割爱，临行前也竭力勉励了胡雪岩一番。

就这样，十九岁的小胡同学从金华奋斗到更大的城市杭州，离自己的理想又近了一大步。

三、结交王有龄

一般观点认为，胡雪岩投资落魄文人王有龄，是政治投资，是奇货可居，是老谋深算，是慧眼识珠，这为胡雪岩之后的发达埋下伏笔。胡雪岩资助王有龄，是高阳小说《胡雪岩》中浓墨重彩书写的一章，但王有龄生平事迹中并无记录，也就是姑妄听之罢了。笔者以为，即便有这件事，这也是胡雪岩职业生涯中的滑铁卢，是一个败笔，如果真有此事，那么在胡雪岩来说，得到的，应该是教训。

扎根杭州十年，胡雪岩从拉贷款的经理一直干到分店经理，而且总店经理也向他抛出橄榄枝：我退休后，总经理的位置就是你的啦。年纪轻轻，前程似锦，换了别人，做梦也会笑醒，胡雪岩却在这当儿犯了个错。

有一个版本是这样说的。

王有龄，字英九，号雪轩，侯官（今福州市区）人。道光十四年（1834），其家人捐浙江盐大使，但是没有活动的钱，所以有虚职却没有到任。胡雪岩正是在这当儿遇到王有龄的。胡雪岩认为王有龄有偶傥之气，虽然困顿却不减英气，前程不可估量。王有龄没有活动的经费胡雪岩正好有。这是什么钱呢？这是他追死账追回来的钱。

所谓死账，就是基本上要不回来的账，能拿来就算是意料之外吧。但是胡雪岩还真拿回来了，这说明他不仅精明能干，而且人缘好，各方面都吃得开。看着王有龄无钱难为英雄，胡雪岩应该是真的动了义气，当下自己拍板，借给王有龄500两。500两，可不是个小数字。王有龄写了借据。胡雪岩拿了借据就回了钱庄。钱庄老板一看，真是眼睛都直了。如果胡雪岩是小人，他可以谎称死账没有追到，这样王有龄的事根本无从查证。但胡雪岩偏偏拿了张借据回来，说明账追到了，而且被不合规矩地借了出去。

钱庄老板说：小胡啊小胡，你也太有能耐了，能追来死账。但你也太大胆了，居然挪用公款，违法借贷。你说我应该表扬你还是该处分你？

我估计当时胡雪岩不会像小说里那样慷慨陈词。因为于公来说，胡雪岩确实是做错了；于私来说，王有龄虽然气度不凡，但世事不如人意，万一他出了险，万一他没有活动成功，万一……真是不敢深想。

胡雪岩还是个硬气的汉子，当下不再辩解，卷起铺盖走人。估计钱庄老板也是非常伤心，一个好苗子，怎么就阴沟里翻船，弄出来这样一个低级错误呢？"人以信立，行以规行"，虽然人讲诚信讲义气没有什么不好，但一个行业不立规矩怎么管理？所以也只有挥泪斩马谡，让胡雪岩引咎辞职。引咎辞职说起来好听，说穿就是被开除，而且是以一种很不体面的形式离开了钱庄。

这件事让胡雪岩从人生的第一个高峰跌入低谷，让他受到了教育。

这件事的真实程度值得商榷，因为我们从胡雪岩后面的行商行为来看，他在处理各种问题上真是一点不逾矩。胆大是一回事，聪明能干是一回事，但死守行业底线，却是最重要的。

四、不欺死者

都说胡雪岩的第一桶金就是从前的钱庄老板给的。老板退休之时，仔细考察了所有伙计后发现还是把钱庄交给小胡好，认为小胡最可靠。

经过世事的磨砺，胡雪岩的商业才干已经无可挑剔，更主要的是他头脑灵活，而且还有一颗善心。在太平军与清兵在杭州展开拉锯战的时候，胡雪岩想尽办法出城征粮，等他筹到粮食，才发现粮食根本入不了城。他拜见了当时的军事大员左宗棠，面陈了自己想为杭人尽力的心愿。左宗棠本来对商人胡雪岩并无多大好感，认为商人无非是趋利之徒。但当他看到眼前这个风尘仆仆、眼里还布满血丝的年轻人，听到这个商人为杭城父老竭力募粮的事实之后，被这个年轻人打动了。胡雪岩也成功地改变了自己在要员眼中的形象，得到了左大人的信任。

之后，他以商人的身份为左大人办成了许多官员不能办的事情。他为左宗棠的湘军采办军火、征集军粮，奔波于杭州、宁波与上海之间。在为左大人分忧的同时，也为自己积攒了人脉。他的阜康钱庄生意没有因为战乱而萧条，反而更加红火。后人在总结他钱庄成功的秘诀时，发现他的钱庄最大的优势就是能够用活公款、调度军饷。

这两条明显就是左公在撑腰。

一日，一名湘军军士走入钱庄，口口声声要见老板。胡雪岩一看，这是位大老粗军人呐。湘军这时已成为朝廷新生的军事力量，跟着左大人征战。湘军老兵表达了自己的意思：自己没成家，光棍一个，有点小钱，带在身上不方便，听说钱庄信誉好，就想把钱存在钱庄上，等战争结束了再过来取。

胡雪岩听明白了，但是他还是要军士填写单子。军士手抖了半天终于签上了自己的名字。他拿着单子反复地看也没有搞明白，胡雪岩就让伙计解释清楚。听到存钱还有利息，军士有些发蒙：我就是想找个地方放放小钱，可不希望发财呢。再说，兵荒马乱，能活着就好了。

胡雪岩慢条斯理：军爷好好公干，到时一定能够拿到本钱与利息。

不过那位军爷终于没有等到拿钱的日子，没多久就战死沙场。他的同僚翻出了钱单找到了阜康钱庄，胡雪岩听了，马上让人把钱给兑了，而且一文不少地加算了利息。

这一故事传出去，大家都知道胡掌柜不仅做大生意，也不欺负小主顾。钱存在他那里，可靠。

又有一次，有位老主顾匆匆忙忙地来到钱庄，找到胡雪岩。

老主顾说：胡掌柜，能否帮忙筹措2000两，我急用。他掏出一张地契说：你看，这是我宅子的地契，我的宅子少说也值5000两，我把它抵押给你。

胡雪岩没有接地契，并安慰老主顾说：先别急，2000两是个大数，马上也筹不出来。您先回去，我明晚给准信。

第二天，胡雪岩没有歇着，首先去打听这位老主顾的话是否真实。果真，这位布商是遇到了资金难关，一下子周转不开。他的宅子市价也确实在5000两以上。下午，胡雪岩亲自出马，到分号去筹措银两。到了晚上赶回钱庄时，老主顾已坐等好久了。

见到胡雪岩，布商马上迎上前去，拱手致敬。

胡雪岩也没有摆谱，实诚地对他说：我出去一天，正是筹款去了。银两我已经凑足，我买下你的家产，但不是 2000 两，而是按市价计算，我出 5000 两。

布商有些不相信：胡掌柜，您说这话可当真？

胡雪岩说：不瞒先生，我知道您资金周转不灵，但不是生意做坏，所以借您银两渡过难关，也是钱庄的分内之事。我只是暂时替你保管家产，等你渡过难关了，随时可以赎回去，到时你只需付给我利息就好了。

布商连连点头，不断称赞胡雪岩仁义。

这是典型的换位思考。胡雪岩行商，也正是活用这一朴素的道理，恪守商人本份，换位思考，急人所难，想人所想。

五、"真不二价"

胡掌柜成了胡大人（公元 1872 年，胡雪岩受江西候补道）之后，还是在想自己该留给后人一个什么样的产业。经过战争的胡雪岩，从事过钱庄、典当行、丝行、茶行，还插手过军火交易，但是他最后还是决定办一个药局，造福百姓。

清同治十三年（1874），胡雪岩在自己事业的巅峰之际，决定筹设胡庆余堂雪记国药号，地址就选在背靠"吴山香市"的大井巷。清光绪四年（1878），五十五岁的胡雪岩成立的"胡庆余堂"正式营业。胡庆余堂整体高大宏伟，走进青石库门，内饰更是富丽堂皇。

胡雪岩充分运用了商业才能，在药店名字上想办法。

南宋时期有个大臣叫秦桧，是个大奸臣，那秦桧像至今还在岳王爷墓前跪着呢。但秦桧写得一手好字，家里有个"余庆堂"，胡雪岩特别喜欢他的字。胡雪岩有了个想法，起名"庆余堂"，把秦桧府第的匾额倒过来用，这样，既有点名头，店名又好听。药堂里还有两副嵌头嵌尾联，就是"庆云再霄甘露被野，余粮访禹本草师农"及"益寿引年长生集庆，兼收并蓄待用有余"，第一副对联取第一字，就是"庆余"，后一副对联取最后一字，也是"庆余"，应名应景。

第二手，胡雪岩不取名为中药堂，而是取名药局，意味着他的药来自于南宋御医局，正宗可靠。起点挺高。

胡雪岩的经营方针，也写在大堂上，叫"真不二价"。什么意思？就是不还价。相传古时有个叫韩康的采药人，每日以采药为生，辛苦采药后拿到集上售卖。买家自然要讨价还价，其他以次充好的卖药人便迎合大家顺势降价，唯独韩康不肯降价。他说：我的药就是值这个钱，我也只卖这个价。别人家的药吃一两月不起效，韩康的药吃了一两帖就管用。时间一长，大家也就相信韩康的药质量过硬，所以他的药材生意越做越好。胡雪岩挂这块匾，就是取这个典故。他说："真不二价"就是"价二不真"，胡庆余堂绝不卖假货，质优价实、童叟无欺。听上去硬梆梆的没有讨价余地，但是却直接抓住了消费者真正的心理，让人感到去胡庆余堂买药让人放心。

为了充分说明他的"真不二价"，胡雪岩还动了脑子。

这天，胡庆余堂所在的河坊街热闹非凡，居民们被一阵敲锣声吸引了。只见胡庆余堂的小伙计们打扮得整整齐齐，穿着广告衣，排成一支队伍正在街上走呢，就像现在某个公司在店前搞团建，嚷嚷口号做个操什么的，吸人眼球。但这毕竟是一百多年前啊，胡庆余堂的广告意识就是这么超前！

这支队伍很奇特，第一行敲锣，第二行高举招牌，第三第四行更怪，抬了一副杆子，杆上四脚捆绑的居然是一头鹿。杭州人最爱看热闹，当然要去看看那招牌上写什么，只见上书"本堂谨则某年某月某日，虔诚修和大补全鹿丸"。算算日子还有好几天呐，到底唱的哪一出？伙计笑着招呼看客们：到那天杀鹿，大家都来店里看和大补全鹿丸。

消息一传十、十传百。半个杭州城都知道了几天后胡庆余堂要和全鹿丸。第二天队伍照样上街，没两天，杭州城全知道了。

到了和药那天，只见胡庆余堂前果真支起了排场，制药设备全搬了出来。门口那头被游街多日的小鹿当场被杀了入药。场面虽然有点血腥，但是胡庆余堂全鹿丸不掺假的信息却是传得飞快。

胡庆余堂的"真不二价"匾

为了说明药真，药局前还支了口大锅。那可不是施舍药汤用的，而是焚烧回收问题药材的。只要客户认为在药局里买的药材不好，就可以拿回来退，退回的药胡庆余堂也不留下，往门口锅里一扔，直接焚毁，给顾客重新配。这简直是给胡庆余堂药材质量的一份大背书啊。

为了扩大影响，胡雪岩还雇人身穿广告衣，带上避瘟丹、痧药之类的"太平药"，守候在水陆码头，免费赠送给刚下车船、远到而来的客商和香客。在开张的头三年，单是施药送药就花费几万两银子。除此之外，药局还印发《浙杭胡庆余堂雪记丸散全集》，分赠给社会各界，同时在《申报》等媒体上登广告。

这几招广告手法，招招打动人心，招招让客户满意。

如果说这些还是做给客户看的，那么店内挂着的训匾就是专门给经理与伙计看的。这训匾就是"戒欺匾"。匾曰："凡百贸易均着不得欺字，药业关系性命尤为万不可欺。余存心济世，誓不以劣品弋取厚利，惟愿诸君心余之心。采办务真，修制务精，不至欺予以欺世人。"大致意思是说：医者攸关身家性命，千万不能欺人，不能以坏替好，一定要用心制好药、制良药。这说明，作为商人的胡雪岩，明白一个品牌的核心就是诚心诚意地为客户着想，求真务实，精益求精，把分内之事做到极致。

这是胡雪岩留给后人的最有价值的品牌遗产。

落实到药材，就是采办务真、修制务精。说起来简单，做起来很不容易。"采办务真"，是说药材要地道，只有药材地道，才能有疗效。胡雪岩充分运用自己的人脉关系，到各地采购，北到东北，南到东南亚，都有他的采购队伍。

"修制务精"做起来就更不容易了。比如"局方紫雪丹",是一味镇惊通窍的急救药,见于《太平惠民和剂局方》卷六。此药如古法制成之后,其色紫,状似霜雪,因而称之曰"紫雪丹"。但是胡庆余堂在按方配制完之后,发现药丸颜色不够紫,药效也不够理想。胡雪岩召集诸多名医、药师共同探讨改进方法。一位已做了六十多年药的叶姓老药工发言说,他曾听祖父说过一个绝秘的法子:因为紫雪丹中有几味药药性太活,遇到铜和铁就会变质变色,所以要想制出真正紫色的紫雪丹,不能用铜锅铁锅,一定要用金铲银锅不可。

金铲银锅?那不是皇上才用得起的物件吗?

胡庆余堂里的金铲银锅

此话一出，众人齐齐看向胡雪岩。

胡雪岩沉吟了一下，毅然拍板：行，就用金铲银锅。还有，紫雪丹仍按原价卖！

不久，金铲银锅打造好了，紫雪丹面世，果真紫若霜雪，功效明显提高。现在胡庆余堂的金铲银锅已被列为国家一级文物，并被誉为中华药业第一国宝。

有了这样的努力，胡庆余堂声名鹊起。民间有言，"北有同仁堂，南有庆余堂"，这是对胡雪岩的肯定。

六、尾声

在诸多有关于胡雪岩生平的介绍中，有几点没有得到应有的展开，一是胡雪岩的慈善之举，如设钱塘义渡、捐款栖流所等，这些善举在当时的商人群体以及社会民众口中都有提及（前文也略作介绍）；二就是胡雪岩参与过世界博览会。

胡雪岩较早就认识到了参与西方博览会的重要性。1874年，奥地利曾举办过一次博物展，虽然也请西方税务官在中国加以推介，但是没有得到什么响应，不过胡雪岩是个例外。他自备了各色绸缎及古玩等约值数万金的货物前往参赛，《申报》作者盛赞胡雪岩是"中国赴会之先驱"，这些货品让西方人见识了中国的工艺。

令人唏嘘的是，胡雪岩的商业大厦在一夜之间轰然倒下。

在众多客户拿着银契冲向钱庄兑银的时候，胡雪岩就知道了自己的结局。商场、官场、战场，这三者纠缠了胡雪岩大半辈子，他累了，也到了该谢幕的时候了。当然，一手官印、一手钱庄的晚清首富在短短的三年时间内一败涂地，这里面有许多值得让人思考的问题。这其中的原因太过复杂，也就不过多分析了。

胡雪岩安排了自己的后事，他还想把药局留给后代。

他找到刑部尚书、太子太保、武英殿大学士文煜，希望文煜能够接手药店，能够传承药店的理念。文煜与胡雪岩有很好的私交，他知道，这时候接手胡庆余堂，也是给故友一个交代，让胡雪岩留一个念想。他答应了胡雪岩的请求，甚至还留下了20%的股份，让胡雪岩的家人继承。

光绪十一年（1885），胡雪岩知道自己大限将至，他为自己安排了最后的归宿，但不是他早已订下的风水宝地，而是杭州上泗乡一个名不见经传的地方。传说胡雪岩临终之际留下的一句话是告诫子孙"勿近白虎"。"白虎"就是银两，意即白花花的银两害人，而经商是最有风险的事情，万贯家私也不过是过眼云烟而已。

同时代的杭州人丁丙在《乐善录》里说胡雪岩性慷慨好施，这可能是真实的胡雪岩的一个侧面。胡雪岩的钱庄我们在哪里能看到？胡雪岩的阔绰气度我们又在哪里能体验到？只有河坊街上的胡庆余堂，会让我们联想到一位商人的传奇。

参考文献

1. 高阳：《胡雪岩传奇：红顶商人》，南海出版公司，1996年。
2. 欧阳逸飞：《胡雪岩叱咤商场的经营智慧》，中国纺织出版社，2005年。
3. 杨赟编著：《胡雪岩成功密码》，中国妇女出版社，2013年。
4. 福州市地方志编纂委员会编：《福州人名志》，海潮摄影艺术出版社，2007年。

乌篷陋巷尽扇工
——杭州扇业铸品牌

一、杭州扇子历史长

说起杭州的扇子,那是大有渊源,历史少说有上千年了,杭扇与丝绸、茶叶并称为"杭州三绝"。扇子可用于礼仪,也能用于日常生活,其功能在不断开发,形状和款式也在不断增加。唐宋以前多用的是羽扇、纨扇,宋以后腰扇(折扇)开始使用。宋时还有个礼节,叫做"却扇",就是在大街上熟人见了面,不是抱拳相见,而是要用扇子遮住脸,快速擦肩而过。

宋代是扇子生产的黄金时代。

据《杭州府志》记载,苏东坡在杭时常常亲自断案。有一天,来了两个人打官司。原告说被告欠钱不还。被告是一家扇子铺老板,看上去老实巴交,满脸愁容。

被告说:不是不肯还钱,实在是因为这天气不好,久雨转寒,扇子卖不出去,所以没有钱还。

苏东坡一听,有了主意。他让扇子铺老板拿来几捆扇子,就在大堂上用判事笔随意在扇子上作行草或枯木

第五章　诚信勤勉

〔唐〕周昉《挥扇仕女图》（局部）

竹石，然后交给店老板，让他拿出去售卖。衙门外早就围了一圈百姓，大家早就听说苏老爷的诗字画都好，一见他亲自提笔，虽然不是上乘，也有明星光环加持，纷纷掏钱购买。几十把扇子一下子发售完毕，扇子铺老板收到钱，当堂偿债。

南宋时的高宗喜欢扇子。他在明州驻跸（其实是被金兵撵到了海边），不小心一把扇子掉入水中。那扇子形制精巧，仅有两寸，扇坠上系了个玉孩儿，是高宗的心爱之物。扇子掉了，高宗叹息"千金难买玉孩儿"。十年后，高宗宴请大臣，发现张俊手中拿着一把扇子，扇坠极像他丢的玉孩儿，就问张俊是在哪里弄到的。张俊说，是在清河坊店铺中买来的。高宗便召来店铺老板询问玉孩儿的来源。店主说是从小商贩中买来的。高宗再追根问底，店铺老板说是从候潮门外陈家宅子的厨娘那里买来的。高宗又派人追问厨娘，厨娘说是从黄花鱼肚中得到的。十年后复得玉孩儿，高宗大喜，于是将铺主、提篮小贩封为"校尉"，将厨娘封为"孺人"，也给了张俊赏赐。

皇帝喜欢扇子，当时的扇业发达程度可想而知。吴自牧《梦粱录》记载，当时杭州的扇子铺集中在现在的清泰街与河坊街一带。那里有一条两里多长的扇子巷，还是宋高宗赵构亲自命名的。南宋扇子有细画绢扇、细色纸扇、异色影花扇、细扇、漏尘扇柄等，形式很多，著名的商号就有"徐茂之""青蔑""周家""陈家"等。南宋时，还出现过专修扇子的小经纪人，形成一条龙服务。

明清以后，折扇很普及，因为折扇"出入怀中甚便"。

清代，杭州兴忠巷还有一座扇业祖师殿。祖师爷是谁呢？杭人呼其名为"齐纨"，相传是周代诸侯，是扇子的发明者。据扇业会馆碑文记载，业祖师殿重建于光绪十四年（1888），当时勒名捐助者就有139户，祖师殿神位上供奉的制扇著名老艺人有462人之多，也可见清代杭州制扇业之盛。传说玉孩儿扇是工匠闻喜打造的，所以闻喜也是被供奉的艺人之一。晚清有个谜语"裁纨折纸传闻喜"，谜底就是杭扇，可见民间是把闻喜作为杭扇的祖师爷了。

清代杭州扇业仍然很发达，有名的扇子作坊就有芳风馆、张子元、朱敏时等。到了晚清，杭州制扇业有三块响当当的牌子：舒莲记、张子元与王星记。说起排名，第一是舒莲记，第二张子元，第三才数到王星记。因此，杭扇行业也是在不断竞争中提高技艺、树立品牌、争夺市场的。商场如战场，容不得一点示弱与迟疑，容不得半丝的懈怠与放松。

杭州扇业的发展，很好地说明了这点。

二、王星记与舒莲记的商业竞争

陈从周老先生说过一句话："舒莲记之与王星记，正如杭州之翁隆盛茶庄与汪裕泰茶庄，邵芝岩笔庄之与石爱文笔墨庄，前者皆百年老店，后者皆民国后兴起。"这话说明了两家企业间的兴替关系。舒莲记的掌门人舒青莲与王星记的掌门人王星斋，基本上属于同一辈人。但是舒莲记在晚清执杭扇生产之牛耳，王星记的兴起却要到民国以后了。

问题就来了，起步基本同时，怎么结果却这么不同？是不是我们的眼光不能只关注行业内部的技术与努力，也要关注下时代背景。

晚清到民国，中国传统的商业模式正在发生变化，外来工业冲击了中国传统手工艺，除就业者自己兢兢业业外，造就现代商业理念、选择入市方式，也是一个很重要的观察角度。

王星记与舒莲记都有什么样的优势呢？

先说技术核心。

舒莲记老板舒青莲是从小摊贩干起的，他的当家技术是"水磨骨"，意思是扇骨精工细磨，技术非常了得。王星斋（？—1909）呢？祖籍绍兴，其祖上都是做扇子的工匠。王星斋才二十来岁就成了杭州城里的有名的砂磨能手。砂磨能手也是磨扇骨的高手，看看，这两人的技术背景如此接近。可以说，当时做扇子，最主要的就是磨扇骨，磨扇骨是核心技术。

再说创业方式。

舒青莲较有现代工业意识，在光绪十六年（1890），就开了个扇子庄，地址在杭州市太平坊一带，门市部兼作坊，以门市部带动生产，这样也算是控制了一部分扇子市场。资料说舒莲记有员工三百，技术完善，扇子种类齐全。王星斋岳父开设的陈益斋贴花制扇作坊，就是为舒莲记加工高级泥金花扇的。舒莲记产的高级泥金花扇是高档扇子，深受文人喜爱。

王星斋出道稍晚些，学成手艺后就在三圣桥边上开了个作坊，地址正好在陈益斋作坊的边上。陈益斋见王星斋手艺好、人才好，就把女儿陈英嫁给了王星斋，王星斋的手艺加上陈家的贴花，正好完美组合，一家制扇作坊就这样成立了，算是一间夫妻店。1893年前后，王星斋夫妻到了上海城隍庙一带开起了季节性的小扇子店，主要是做夏扇。1901年左右，夫妻俩在京城杨梅斜街开设"王星斋扇庄"。王星斋很用功，所谓"精工出细货，料好夺天成"，夫妻俩又是技术高手，从黑纸扇到泥金扇都能制作，市场口碑非常好，虽然是小本经营，倒也做得踏踏实实。

下面从产品定位来分析。

舒莲记走雅扇路线，王星记重视底层路线。

舒莲记的扇子中，有名的如僧道用大扇，妇女用绢扇，还有文人看好的泥金扇。泥金扇是十足的雅扇，既是实用品，又是工艺品。它的材料就比较高档，常以湘妃竹、棕竹、花斑竹为扇骨。一首《舒莲记雅扇》诗把舒莲记扇与王羲之联系在了一起，诗曰："笼鹅逸少字虚传，何物清除烦恼天。六月西湖风更好，凉波半折说舒莲。"

王星记就不做这个，用功做大众扇，也就是黑折扇。清代的《杭州府志》说这种黑纸扇是以柿油来制作的，杭人最会做，所以也称杭扇。杭州的黑纸扇还在光绪年间被作为杭州特产进贡，故又称为"贡扇"。

王星记产的贴金彩绘黑纸扇

黑折扇价格低廉，盈利无多，但质量标准却严格得近乎苛求。

王星斋做的黑纸扇选材认真。扇面纸用的是於潜出品的桑皮纸，且要用桃花盛开时的雨水作浆。纸成以后，以诸暨的高山柿漆加上福建的煤炭匀黑加饰。扇骨是广西出产的棕竹，而且要等到立冬后砍伐。加工扇骨是王星记的拿手好戏，削刮、砂磨，再打上川蜡，一把黑折扇子，要经过八十六道工序才能制成。由于制扇工序复杂，检验标准严格，因此生产进度很慢，制成的新扇柿漆味儿很浓，扇身也不够挺拔，需存放一两年再出售，真可谓"做一年，卖一时"。硕大的黑纸扇展开来，既能生风，又能遮阳避雨，被戏称为"一把扇子半把伞"，朗朗上口，又形象生动。

再来进行两者的广告方式比较。

中国传统有句话，"酒香不怕巷子深"，意思是只要东西好，客户自然来。但舒莲记的老板舒青莲已经品尝到了现代商业的味道，知道好酒也要靠吆喝，口口相传的方法是不行了，要用现代的传播技术，上报纸，上新闻。1904至1910年间是舒莲记扇子曝光率最高的时候，《大公报》《申报》都刊有舒莲记的新闻。

光绪三十年（1904），舒莲记扇子在法属安南博览会上露面，为国争光。

这年，舒莲记老板舒青莲捐了个道台，算是省级干部了。虽然是虚职，但也能与官场上的人物兄弟相称。同时他装饰自己家的桂花厅、鸳鸯楼，在家结交达官贵人，加强人脉关系，将官府所需的扇子业务收入囊中，垄断了高档扇子市场。

光绪三十一年（1905），舒莲记参加美国圣路易斯世博会，获得金奖。当时组织参加法国以及美国赛事的是浙江商人周谷梅。他见浙江的商品多数还是不合西方人的品味，但是舒莲记扇子很不错，所以他在到美国之前，就与舒莲记扇庄签了8000多元的货物，在世博会上赚了个钵满盆满。

宣统二年（1910），舒莲记又在南京南洋劝业会上获奖。据舒青莲自己说，"这十年多历赴法国、美国、比国、义国及越南等国赛，曾迭得优奖文凭、超等金牌、誉驰中外"，反正是获奖多多吧。

国际上获奖，国内也当然追捧。

舒莲记成为杭州潮女的标配："绸必恒丰；鞋必美利；粉必孔凤春；扇必舒莲记。"说的是穿的必须是恒丰的丝绸，鞋子必须是必美利牌的，妆粉要用孔凤春，扇子一定用要舒莲记。舒莲记女扇用的是檀香木，绢面，扇起来幽香扑鼻。

舒莲记成了品牌，舒青莲也就跻身杭州绅士之列，在商坛上频频露相。1911年左右，舒青莲与杭州另一名绅士倪雨亭发起成立市振公司。市振公司很像现在的文化公司，关注杭州的公园、戏园建设，这也是杭州的风雅之事。公司一发起，不仅政府部门大力支持，而且其他商家以及社会公共事业企业如电力公司、人力车公司纷纷入股。因为舒莲记在城东一带，公司一搞开发，地皮就大涨，地价翻了十倍，惹得城北拱宸一带的商人大有怨言。

从实情上看，舒莲记的风头远远压过王星记。

第一个回合，舒莲记胜出。

三、既要打李鬼，也要向外看

晚清杭扇业从业人数众多，而且市场上需要扇子，但能够发展壮大的却只有几家，比如芳风馆、舒莲记、王星记，问题又出在哪儿呢？

有知情者爆料，苏杭雅扇，驰名的是棕骨油纸扇。而做棕骨油纸扇的，多是绍兴工匠，扇子远销居多，价格也从每柄数金到钱数十文不等，档次相差太多。当时扇子作坊也就是做"贴牌商"，实际加工是下面的家庭作坊，这样同一个商标下面，质量高低不一。但是扇坊没有区分质量，标价相同。一旦市场货多，质次者下调个价格一点不心痛，但是质量好的就吃亏了。所以到光绪年间，虽然杭扇遍及南北，但是市场已是一片混乱。

不仅如此，作坊不是自己创新，反而做假跟风，把品牌也做糟蹋了。拿当时有名的"芳风馆"来说。芳风馆扇子的优点是扇骨坚密，一把扇子，有一百多根扇骨，是做出了点特色的。其他工坊不是自己创品牌，反而是仿名跟进。你是"芳风馆"，我是"芳凤馆"，他是"芳岚馆"，一错眼就弄错了，实际上质量差远了。

舒莲记创下品牌后，第一件事就是反复在《申报》上打假，声明自己所创的品牌上有"杭省舒莲记""杭州舒莲记""舒莲记"暗码，请消费者明察。即便如此，跟风者依然照仿不误。不得已，舒莲记拟定莲花为商标，特别做了绘图贴，报呈农工商部备案，算是注册了商标。接下来就是以法律来维权了。舒莲记很有法律意识，也展现了早期实业商人为了维护自己权益所做的努力。

进入民国后，舒莲记两条腿走路，一靠法律保护，二靠广告推销。舒莲记有名到什么程度呢？举个例子，当时太平坊一带新办旅馆，登广告，搞庆典，在报上写的地址居然是"舒莲记对面"。舒莲记成了地标，可见其有名程度。

如果说舒莲记打李鬼是上了议事日程的，那么王星记走的就全是技术路线了。晚清，日本扇子传入国内。日本扇子每柄不过十文左右，但是功能完全可以替代中国扇子，所以日本扇子一来，中国的蒲扇、折扇销量通通下滑。不仅如此，日本扇子中也有高档货，比如茶扇，用料精，小巧至极，装饰性极强。这时法国等欧洲国家的扇子也传入中国，象牙、檀木、真珠（珠子），用材之广之精之美，令人大开眼界。

王星记一向是走底层路线的，但是价廉物美还真不是创品牌之道。只有占据高端市场，才有可能提升品格。王星斋与陈英一合计，那么就把黑纸扇做雅、做高档吧！想什么招呢？把泥金技术与黑扇面结合起来，在黑扇面上写金字。这种泥满金斗式花扇是王星记扇子中最有名的产品。

1909年王星斋去世之后，其子王子清继承祖业。

但王子清显然具有更大视野，他不仅把扇子做好，而且将雕刻、书画、镶嵌、剪贴集于一体，将扇子做得更有新意。同时，他也把扇子品种做得更全，比如为梅兰芳做的戏扇，富丽堂皇，一身贵气，完全不像之前的雅扇那样低调沉稳，反而是亮瞎了众人的眼。

与时俱进是商业发展的硬道理。

民国以后，舒莲记后继无人，无人把舒莲记事业发扬光大。王子清却是颇有商业头脑的，他处处将舒莲记视为超越对象，暗暗用功，甚至把门面做到舒莲记对面，直接挑战舒莲记。

到了20世纪20年代，王星记的产品上了西湖博览会的展台。

应该说，南洋劝业会成就了舒莲记，西湖博览会成就了王星记。

近代杭州扇业是传统手工业与现代工业的碰撞，是传统经营观念与现代广告理念的碰撞，是封闭与开放的碰撞。

早年的舒莲记，锐意进取，闯出一片天地。到了20世纪20年代，王星记后人能够继承父业，并把企业做大做强。这一事实还说明，企业培养有胸襟的接班人很重要。

参考文献

1. 徐清祥：《杭州往事谈》，新华出版社，1994年。
2. 朱显雄编著：《王星记扇制作技艺》，浙江摄影出版社，2014年。
3. 周彦文、刘工践、贺雄飞主编：《百年风流——拼搏不息的中国工商业者》，中国商业出版社，1993年。

杭州酒楼吸星法
——餐饮业文化比拼

杭州餐饮，美味甚多，但大多经营者都不见名录。商人们要经营自己的店铺，都得过质量关，抓特色菜。除此之外，还要搞文化战。

真可谓，做企业，最后拼的还是文化。

一、吃货遇上好年代

说到杭州餐饮业，首先要看看南宋。

南宋是个吃货的年代。看看宋代人自己写的回忆集子，洋洋洒洒，写的都是美食，真是南北荟萃，小吃大餐，什么都有。宋代有个叫林洪的，考试不太上心，琢磨出了本《山家清供》，让江南的土特产洋溢着时尚的光芒，叫读书人看得狂喜不已。

绍兴二十一年（1151）十月的一天，临安（杭州）经常下饭馆吃饭的官员发现了一件怪事，这天一些主要酒店的厨子都不在，想吃顿好的，那是不可能了。厨子都去哪儿了呢？原来，他们都到张俊的府上去了。

赵佶《文会图》中的各种美食

这天，这个叫张俊的大臣宴请宋高宗吃了顿"家常饭"。宋高宗当政36年，只到两个大臣家吃过饭，一个是秦桧，另一个就是张俊。这顿"家常饭"那叫一个奢华，历史上有明确记载，光流程分成4个步骤：初坐、再坐、正坐、歇坐。先进餐前果子71行，再来些开味菜66行，然后正式开吃。正席开始后，号称下酒菜15盏，每一盏是两道菜，也就是说，每一轮行酒是两道菜。一轮酒下去，撤去旧菜再上新菜，这样正菜总共是30道。那正餐用的食材，真是飞禽走兽、鱼虾贝蟹，无所不有。光是吃螃蟹，就有洗手蟹、螃蟹酿橙、螃蟹清羹和蝤蛑签4种吃法。再休息一下，上28道小菜。当然，那时是分餐制，君王自己一桌，其他人也是一人一桌，看人下菜，并不是每人一样。

想想这些大厨的好身手哟。就只读完菜单，准保你浮想联翩。

对于餐饮业来说，好的菜肴始终是第一位的。酒楼的经营方针是菜品要精细、装潢要豪华、餐具要高档、服务要贴心。

拿餐具来说，杭州用的多是银器，吃货们感到无比高大上。饭店还有一个"看菜"的流程，就是食客来吃饭，先摆了几个碟，你可以一边吃一边点菜，但桌上的那个菜可不是样本，如果你按着看菜来点菜，那就是个"落儿"（傻帽）。

点完菜，上二楼雅间用餐。雅间装潢精致，服务更是了得，提供歌伎表演，想听歌、看舞都成；如果只会划拳，这些女孩子也能上，你猜拳输了，女孩子还能替你喝酒。

这些是大酒楼的经营之道。

小酒店呢，搞特色经营，装饰不奢华但绝对要尊贵。选个好景致的地方，做清清爽爽的菜肴，这对文人来说正合适。文人们比较雅，吃个饭也能搞即兴创作，酒楼也充分考虑到了文人创作的渴望，专门留了面素墙、搞块素屏风让文人们涂鸦。话说当年宋高宗出去耍子，在断桥边的一家小饭馆吃饭，看到店内有个白屏风，上面洋洋洒洒地写了一阕词，发了点牢骚，意思是我好怀才不遇啊，我好失落啊。高宗看了问是谁写的，店主回答是太学生俞国宝醉后所书。高宗说写得不错，就是小同学情绪太低落了些，今后要振作、要努力嘛。回去拍板就给太学生俞国宝封了官职（释褐）。

后来的文人也与酒店挺配合，把酒店的素墙当作诗词免费传播的载体。南宋有个婉约派词人吴文英，写了个《莺啼序》，太长了，全词有240个字，也不朗朗上口，特别是那个思绪是九曲回肠，太绕了。但是把词题在壁上，就不同了，大伙边吃边看，一停留，一回味，啊，写得也真好。

酒店老板也不含糊，专门收集壁上那些好诗词，刻成一个册子发行，从餐饮业跨界到出版业。

所以说起杭州酒楼的"吸星大法"，除了本业的精益求精之外，还有很重要的一点，就是卖文化。

不信？我们来看看这几家老字号。

二、楼外楼，以文兴业

现在的孤山文澜阁旁边，有一家酒楼，上题匾额"楼外楼"。一提到这座酒楼，马上就让人想到南宋诗人林升的"山外青山楼外楼，西湖歌舞几时休"的名句，但是"楼外楼"的店名与这首诗可是一点关系都没有。关于"楼外楼"的取名，有两种说法：一个说法是明末有个吃货文学家叫张岱，他的著作《西湖梦寻》里提到过一座"楼外楼"，是吏部尚书商周祚的私人别墅。还有一个说法，是清末文学大家俞曲园就住在酒家边上，店主来请俞曲园题名，他说既然贵酒楼在我的小楼边上，就叫"楼外楼"吧。

不管怎么样，楼外楼这个名字就有点文化味道。

现在的这家"楼外楼"，相传是绍兴秀才洪瑞堂在道光二十八年（1848）来杭州后开办的一家小饭店。洪瑞堂从绍兴而来，擅长烹饪鲜鱼活虾，最拿手的菜就是西湖醋鱼。这道西湖醋鱼名头很大，历史也很长，又称醋搂鱼、五嫂鱼、五柳鱼等。有人说它与南宋的宋嫂鱼羹有些渊源。现在的做法是全鱼氽熟，上汁；早年的做法是瓦块鱼，加醋汁。

清代的吃货、文学家袁枚是钱塘人，他晚年撰写的《随园食单》里有对醋溜鱼的记述："活青鱼切大块，油灼之，加酱、醋、酒喷之，汤多为妙。俟熟即速起锅。此物杭州西湖上五柳居最有名。"这就是"湖上派"醋鱼的经典记述。

但"楼外楼"后来对这道菜的加工更加出色了。鱼选用体态适中的草鱼，草鱼比青鱼肉质更嫩。将鱼放入竹笼，悬于湖边饿养几日，让鱼将沙泥吐尽，这样做出来的鱼腥味更少一些。然后在清水中氽熟，要掌握火候。楼外楼的老师傅说，最好的火候是鱼身已熟，但鱼嘴还能张开。这样马上装盘，淋上糖醋藕汁，成菜色泽红亮，肉质鲜嫩，酸甜可口，略带蟹味。

你现在要去楼外楼吃这菜，鱼盆外还会贴一张小小的纸条，上面写着是哪位师傅的手艺。一道全鱼菜，就这样磨成了经典。

20世纪初，洪瑞堂的孙子洪顺风将楼外楼三间楼翻

西湖醋鱼

造成三层楼房，楼外楼更加名副其实了。洪顺风又请当时的杭城名厨陈文、陈惠掌勺，琢磨出不少好菜，像清炒虾仁、三丝鱼卷、虾籽鞭笋、山虾豆腐、鱼头浓汤、赛蟹羹等。其实，每道菜都可以仔细参详一番。前两年我在做《楼外楼》书系其中一册时，就向大厨讨教了各种菜的做法，真是一边请教，一边口中生津。

除了菜品精，洪秀才还设了一个"乞墨宝"专柜，如果谁能留下诗画，楼外楼一律奉为上宾，免费用膳食。楼外楼对文豪更是青眼有加。当年楼外楼边上住的又是一位吃货文豪俞曲园，为楼外楼写过匾额，也是楼外楼的座上宾。因为住得近，楼外楼成了他家的后厨，请客吃饭、家中打牙祭，全仗它了。在俞大咖的《曲园日记》中楼外楼也频频露脸，如某日记着"买楼外楼醋溜鱼佐酒"。光绪十八年（1892）三月二十二日，他在《曲园日记》中又提到了楼外楼的莼菜羹。莼菜就是老年菜，"公时年七十二，自是老境，其实即使年轻牙齿好，亦不易咬着它，其妙处自在于此。滑溜溜，囫囵吞，诚蔬菜中之奇品，其得味，全靠好汤和浇头（鸡、火腿、笋丝之类）衬托"。

俞曲园的孙子俞平伯，也是吃货一枚。他提到儿时吃的楼外楼的响铃，那个美味啊！响铃儿以肉为馅，还可以用嫩笋干撕成丝裹在豆腐皮中，油炸后松脆可口，算是素菜。不过吃时须备番茄酱和甜面酱，趁热蘸着吃，为佐酒妙品。至于为什么叫响铃，也有过参详。比较靠谱的说法是，响铃卷松脆，一咬就吱吱有声，如铃在响。

当然让俞平伯难忘的还是醋鱼。楼外楼客人点了醋鱼这道菜后，跑堂的就喊道："全醋鱼带柄喽！"这是楼外楼的老惯例，客人点了一大盆醋鱼后，厨师还要配置一小碟鱼生片和各种配料端上餐桌，由客人自己配食。

这种附属食品被称为"柄"。俞平伯吃得痛快，一边很卖萌地记录下，"泼醋烹鲜全带冰，乳莼新翠不须油，芳指动纤柔。"

资料上还有记录，当时的西泠印社社员也是楼外楼的常客。西泠印社是一些金石篆刻大牛人成立的民间社团，活动地点就在楼外楼附近。西泠印社有位大艺术家叫吴昌硕的，就经常光顾楼外楼。这天他来到店里，四处一打量，见了一块新店招，猛觉一新。只见这"楼外楼"三字，不单书法俊秀挺拔、流畅潇洒，其章法安排亦极为得体，恰到好处。要知道"楼外楼"三个字，看似不难，却很难布局。一是两个"楼"字重复，要进行不同的处理却又要求分量与空间上相对稳定，处理不好就会板，就会失衡；二是中间的"外"字字形单薄了些，要在空间上取得与楼字相同的效果，着力上要夸张，但又不能过火。一问之下，才知道洪掌柜是请一小伙子题的字。小伙子名叫张坚，才二十出头，吴昌硕当下大为赞赏：一个餐饮业老总还发现了个艺术人才。

清光绪十五年（1889），杭州有人收录了一批西湖景点的楹联，并由知止轩初镌四卷本《西湖楹联》，这也是最早刊载西湖楹联的专集。该书中的《附录》记载了杭州茶坊和酒肆的楹联，其中包括藕香居茶室、两宜酒楼、三雅园茶馆、楼外楼酒馆四家茶楼酒肆的楹联。其中，悬挂在楼外楼的一副楹联为无名氏所题（也有说是彭玉麟所题）："屈醒陶醉随斟酌，春酒秋莼入品题。"其中"屈醒"一词取屈原《渔父》"世人皆醉吾独醒"之句，"陶醉"是指陶渊明好酒。上联说清高如屈原，随和如陶渊明，都是喜好喝酒的，所以酒是世人咸宜的，可以忘忧，可以怡情。陶渊明"饮酒诗"二十首中有"韭"和"莼"，是当地著名的蔬菜，所以下联变为"春韭秋莼入品题"，更带有陶诗的遗痕。

另外还有写楼外楼风光的楹联："看槛曲萦虹,檐牙飞翠;有三秋桂子,十里荷花。"此联是南宋词人姜夔的《翠楼吟》和北宋柳永的《望海潮》的凝炼。

另如楚阳易铨的楹联"闲开东阁索梅笑,坐对西湖把酒樽"是讲楼外楼的优越地理环境的:酒楼之东,便是自称"梅妻鹤子"的林逋的放鹤亭;南面面对的,是一片秀丽的水面。

当年这些楹联一一挂在楼外楼的房柱之上,增加了此楼的文化气息,让顾客在品尝美味的同时还能体验文化。这显然也是南宋文化的遗韵。

现在,当你走进楼外楼,就仿佛置身于一个艺术长廊之中了。除却精美的工艺品,还有那么多美术作品和书法作品在静静等待着你去欣赏。这些作品,可不是坊间的粗糙印刷品,也不是末流书画家的应酬之作,而是有着许多大师精到之处的佳作。

"以文兴业",算是"楼外楼"的秘笈之一。

三、知味观:"欲知我味,观料便知"

早上睡到自然醒,去知味观喝碗牛肉粉丝汤,吃一笼小笼包,是杭州本地人的美好生活缩影。知味观建于民国初的1913年,创始人是孙翼斋与义阿二。一听孙翼斋这名字,就透着股文雅之味。义阿二大概是个金主,就是股东,只出钱不出力,店由孙翼斋夫妻两人经营。孙翼斋是绍兴人,他让伙计叫他师爷不叫掌柜,好像也是得了绍兴人的真传。但这个师爷既不算账也不打官司,整天琢磨的就是馄饨、汤团。

小店虽处于闹市区，但是生意始终不温不火。

到底是为什么？口味不好？夫妻俩都认为自己的小吃质量过硬，口味是没有问题的。店招不起眼？当然，夫妻店开始还没有个好招牌，也许就叫"老孙家馄饨摊"。还有什么问题？孙翼斋认为是信誉问题，因为食客对他们的馄饨、汤团的食材不清楚，所以在有选择的情况下宁可不选他们小铺的，而去周边的老店吃。

第二天，街坊发现这家夫妻档小吃铺出了个新闻。夫妻俩居然把菜板、煤炉什么的都拎到空地来了。这是要搬家吗？显然不是。孙师爷还在边上挂了一张告示："欲知我味，观料便知。"这几句倒是很好懂，让大家看看食材呗。

夫妻俩在街坊的围观下搞起了厨房秀，剁馅、配料、和面、掐团、入馅、下锅，一整套动作如行云流水一般。还有试吃活动，过路人一尝，好味道！

馄饨、汤团，本来就没有什么核心技术，不怕外人观摩。因为食料看得见，所以质量大家都心中有数了。知味观由此声名鹊起。街坊还义务为人家讲解这个文绉绉的广告：看看吧，人家做个汤团都那么有文化，比"孙翼斋汤团铺"好听多了。不过可能大家都没有更深一步地查考，"知味观"的出典，竟然是由《礼记·中庸》"人莫不饮食也，鲜能知味也"而来的。如果知道的话，恐怕更要敬佩几分了。

生意一好，就有了资金扩充门面。小摊换成了店面，但是为了秉持"欲知我味，观料便知"的经营理念，孙翼斋坚持把炉灶建在明处，以便来往的食客能看到饭菜制作过程。现在不少餐馆也这么做，厨房四面都是通透的玻璃，站在外边，就能看到厨房的全景。甚至不少店连玻璃都不用，厨师和顾客直接面对面。当然，有现代影像设备就更好了，顾客坐在座位上，四角的放映机还为顾客切换各种角度，实时播放厨房里的制作过程。

无论形式怎么变化，诚信做生意的理念还是一样的。

只不过，孙师爷的实验要早一百多年。

这样一来，孙翼斋的小店名气更盛，很多食客慕名而来，为的就是看看这家店为何如此自信，敢于把烹制食物的过程展现在食客面前。

知味观一开始还是以各式点心为主，辅以杭州名菜经营，"幸福双""猫耳朵""西施舌"等成为菜馆的传统名点。说到底，这些小吃的制作还带了些表演性质。

像"西施舌"，只是一道水磨米粉的点心。早年间制水磨粉就是一道慢活，要将糯米、粳米淘洗干净，用清水泡胀，然后带水磨成米浆，装入布袋，扎紧口，压干水分，才可得纯水磨粉。

水磨粉制得，"西施舌"工序才正式开始：

纯水磨粉再加入清水揉匀，搓成细长条，摘成小粒，边摘边放入沸水锅中，煮到粉粒浮起，再煮一下。用漏勺捞入清水中过凉，捞出沥干后，即与余下的全部水磨粉混合，充分揉透，待粉块光滑有韧性时使用。

馅是红枣泥与猪油相拌，再加入核桃肉、金橘脯，细切，再加入糖桂花、瓜子、白糖，拌和成蜜馅。馅的多彩，手法的娴熟，整个过程既像表演魔术，又能勾起人的食欲。

终于进入关键步骤了！将水磨粉揉透搓成长条，摘成小块，每个捏成酒盅形，拌入蜜馅，放入舌形的模具中，压成"西施舌"形状。将红曲粉用水化开，在每个舌尖上点一点。起大水锅，水煮沸后下"西施舌"，用勺推动沸水旋转，待到西施舌浮起，略加一些清水，稍待后捞出，盛入碗内，再舀上锅中的沸水少许，撒上糖桂花少许即成。

这就是"西施舌"的做法，配方并不神秘，只是费时费工，成品外形精致，看着店家一丝不苟地制作，就像在看艺术创作过程，"西施舌"也成为汤团中的极品，被誉为"汤团皇后"。

之后，知味观立足于杭州传统菜肴，大胆引进各地精华。店招又扩充了几个字："知味停车，闻香下马。欲知我味，观料便知。"听一听，食客的档次也上去了。

在名厨的主理之下，知味观立足杭州，学习八大菜系，名菜层出不穷，什么"鸡汁银雪鱼""干菜鸭子""武林熬鸭""蟹黄鱼丝""龙凤双会""辣子羊腿""蟹黄橄榄鱼""一品海鲜盅"等等，真是通吃东西南北。

四、奎元馆：文学士的暖心店

奎元馆是在清朝中晚期开设的一家面馆。具体年代有的说是同治年间，有的说是咸丰年间。奎元馆的地段好，靠近当时的贡院。贡院是文人们的战场，参观过贡院的读者都知道，考科举简直是经历了一次炼狱之行。

有位洋人描述过清代杭州的贡院：贡院里一排排低

矮无窗的房子就是学生考试的地方。考试前要锁院，就是把考生都锁在里面，那几个平方的房子就是考试屋。考生待在里面，两天内，吃喝拉撒都不准离屋一步。忍着煎熬还要写出锦绣文章，真是一件难事。

考场边上应运而生的就是各种商店，邸店馆舍、文房四宝、参考书铺，应有尽有。考试前，家境好的还能到秦楼楚馆潇洒，条件差的只好找些小旅舍凑合几夜。

各种店铺中，当然也少不了各种饮食店，总得吃点热络的东西进行能量储备吧。奎元馆就是一家安徽人开的面馆。要服务考生，很重要的就是应考生之需，如有个好彩头就很受考生欢迎。

奎元馆很有想法。

临近考试，考生发现奎元馆的面条变了花样，上面加放了三个小鸡蛋，这是讨"三元及第"的好彩头。虽然加钱不多，但寓意真是好。这一举措，让考生对这个善解人意的小铺主人充满了好感。

这一天，来了一个清贫的秀才，他没有买这个好彩头的三元及第面，而是要了碗光面。店家看他谈吐不凡，特地为他加了三个蛋，祝他连中三元。后来这秀才果真高中。放榜之际，他特地来感谢店家。中举之后参加殿试，又位列前三。秀才中举古时称魁星，高中前三就是魁元。为报当年老板雪中送炭的情谊，那位秀才专程前来拜谢，并答应店主之请，将店铺起名为"奎元馆"。从此以后，此店名气不胫而走，每当考试，这里就车水马龙，士子如云。考生必到店里来吃上一碗面条，祝福自己从此能脱颖而出、青云直上。

不过这是个美丽的传说。清代连中三元的捋一捋就能捋出个大概来。清代的应试秀才，2000名竞争者只有30人胜出。而举人的选拔，竞争更为激烈，10000名应试者竞争90个名额。古人说书中的才子应试就能高中，其实现实中能中举、中三元的毕竟是少数。

不过说这个面馆着力做文人生意倒是可以的。何况，奎元馆的面条制作也有自己的独门技术。首先，奎元馆的面要"坐面"：选用无锡头号面粉，用手工擀上劲后，还得垫上一根碗口粗、9尺长的竹杠，再用人工擀制半个小时左右，每30斤面粉打成8尺宽、7尺长的面皮，可切成3分左右的面条。面条落水，久烧而不糊，吃起来又筋道。奎元馆的配料更是十分讲究，总体上是纯而不腻、口味浓厚。大众面如"片儿川"，就是奎元馆的招牌面之一。"片儿川"配料相传是从宋朝诗人苏东坡在杭州做地方官时所写的"无肉令人瘦，无笋令人俗"之句得到启示而来的。它以新鲜腿肉、时鲜竹笋、绿嫩雪菜为原料，一碗"片儿川"，肉粉、笋白、菜绿，色泽分明，勾人食欲，可谓是"有笋有肉不瘦不俗，雪菜烧面神仙口福"。高档面如虾爆鳝面，是开店主人的拿手菜。鳝鱼大小均为大拇指粗细，用三油爆炒，即先用菜油爆，次用猪油炒，再用麻油烧。烧出来的鳝丝软而不糊，滋味深入绵长，深得食客好评。民国时期，奎元馆一天所用鳝鱼，需要一石之多。到了20世纪40年代后期，奎元馆已经很有名气了，甚至有"到杭州未去奎元馆，枉然西湖之行"的说法。

当年的社会名流，只要游玩西湖，就必然上奎元馆吃饭。

五、借乾隆出名的王润兴"皇饭儿"

现在一谈起王润兴"皇饭儿"的鱼头豆腐，知道点典故的肯定要提"乾隆下江南"。

故事是这样说的。

那年，乾隆下江南，一路游玩到了杭州。有一天，他微服出游，跟着一群善男信女上了吴山。吴山地势好，前望钱塘，右是西子湖。视野开阔，风景这边独好。乾隆看得入神。不料竟变了天，一时间，天云变色，风起雨落，竟是一场大雨。

乾隆赶紧到了山腰的一户人家躲雨。哪知雨竟然滴答不停，把乾隆堵在了半山腰。

一时到了吃饭的时间。乾隆肚子饿得不行，只好让主人给弄点吃的。这时户主王润兴正式露脸。这则故事中他的身份成了饭店小伙计。看着躲雨的人很可怜，但是家里实在没有什么好菜，只有几块锅巴。王润兴突然想起他从饭店里"顺"出来的半个鱼头和一块豆腐，就将那半个鱼头和豆腐下锅一煮，里面放上葱花、老姜、老酒等调味的，煮得汤色起白之后，配了两碗锅巴饭就端上桌了。

正所谓饥不择食，乾隆见了饭菜，心中大喜，吃得是津津有味。一块剩鱼头，吃出了山珍海味的味道。

吃完饭，雨也停了。乾隆心满意足，告辞而去。

回京后，乾隆还是想着这个鱼头，让御厨也试着烧豆腐鱼头吃。但是御厨怎么也做不出王润兴那味道。乾隆心里就藏了个念想。等他再次下江南，特地去王润兴家里又吃了一次鱼头豆腐。啊，这正是记忆中的味道啊！

乾隆大喜，重赏王润兴，让他自己开一家饭店，好好做鱼头。

王润兴感觉天上下金雨也不过如此，哪能想到自己一饭之恩，居然跟皇上结缘了呢？

王润兴大喜之余，斗胆让皇上赐个店名，乾隆欣然提笔，写下了"王饭儿"（"皇饭儿"）三个大字。

皇上代言，"王饭儿"马上出名。

这招牌可太了不得了。

一时间，周围人家纷纷慕名而来，想要尝尝御口吃过的菜肴。"王饭儿"的名气于是不胫而走，知名度大增，成为当时杭州最有名的饭店。

故事说到这里，大家都知道这纯粹就是传说。小时候读"乾隆下江南"，满篇尽是皇帝的笑话：一会儿受冻了，一会儿挨饿了，受人施舍，遭人冷眼。故事里的乾隆，跟落魄书生一样的弱势，整天忍饥挨饿等着人家赏饭吃。不过，他下个江南，带红了多少江南小菜啊，像什么"翡翠白玉羹""红嘴绿鹦哥""徽墨酥""松鼠鱼"等。长大了才知道，什么叫故事，子虚乌有的出典，就是为了与皇帝沾个边，蒙个出镜率。

这里还是扒一扒王润兴饭店的老底。

清代有个人叫范祖述，在同治年间写了一本《杭俗遗风》，里面把"王饭儿"饭店的来历写明白了。清代时杭州流行"件儿饭店"（加"儿"化音是杭人吐字的特点），"件儿饭店"的意思就是按件收费，一听就是平价饭店。

旧时"件儿饭店"用两条高脚凳放在店前，上面架块门板，门板上放几样菜。大致是一类菜一个价：家常荤菜如燉肉、煎鱼等每盘六文，小炒每盘四文，菜汤每盘二文，大菜如山珍海味每盘五十六文。贩客、走卒，担夫、伙计走过店门口，就按实样下单。"件儿饭店"菜品丰富，随点随做，而且价格不贵，所以在杭州城内遍地开花。

其中有一家王姓人家开的"件儿饭店"就很有名。据说这家是宁波人，饭店建于乾隆年间。现在一般叫王润兴，《杭俗遗风》中称王顺兴，究竟是谁更准确也说不清了，但范祖述的写作年代更接近"王饭儿"的创店时期，所以应该更可信一些。除了各种件儿菜外，王饭儿还有一道鱼头豆腐风味最为独特。这个鱼头豆腐和现在的做法是一样的。鱼是包头鱼。要想把汤煮白的秘诀是煮前先要把鱼头在油内煎一下，然后放入冷水中静置一会儿，再加热，放盐。这样煮出的汤色若奶，又白又厚，味道还好。这是王润兴的当家菜，这家店就被称为"王饭儿"，此"王"与彼"皇"可是一点也不挨着。除了鱼头豆腐，"王饭儿"还有一道当家菜，就是虾油菠菜。听上去太过简单，但往往越简单的菜越难做，不过平民化的特点是明显的。

"王饭儿"不仅编了个乾隆传说，与皇家扯上了关系，而且又讲起了地方名流的故事，让自己的传奇色彩更浓郁了。这个故事讲的是"王饭儿"与杭州商人胡雪岩的故事。

乾隆鱼头

　　这个故事说，胡雪岩未发迹前是"王饭儿"的常客，而且老是赊账。"王饭儿"对这个老主顾倒是很关照，不曾为难胡雪岩。胡雪岩发迹后，身价百倍，为了感谢"王饭儿"，他来到这家平民饭店，在门板前点菜，就着门板吃饭。这就是名人现场秀啊，一时间观者如堵，里三层、外三层，挤满了看热闹的人。

　　胡雪岩不愧是个精明商人，不仅自己客串真人秀，还请了两位老外助演。这两位老外，一位是教会医院的院长，另一位是杭州的总税务司长。一行三人又到了"王饭儿"，两位老外尝了"王饭儿"的杭帮菜后，连竖大拇指。可惜当时不流行拍照，否则，"王饭儿"肯定要存照为证。有了名人的流量，"王饭儿"成了响当当的网红店。

　　做大众餐饮的"王饭儿"深谙"薄利多销"之道，卖的是好口碑，同时也卖故事。

说到底，吃的是美食，品的是文化。有了故事当下酒菜，是不是感觉能够多喝几杯了？

参考文献

1. 张启龙：《两宋都城消费观研究——基于服务业中经济活动的考察》，云南大学硕士学位论文，2014年。

2. 柯平：《在知味观想起孙翼斋》，《温州晚报》2012年5月6日。

3. 宗道一：《杭州楼外楼》，韩淑芳编《民国趣读·老字号·老饭馆儿》，中国文史出版社，2018年。

4. 沈关忠、张渭林主编：《楼外楼》，杭州出版社，2005年。

5. 徐立望、张群编著：《史说楼外楼》，浙江人民出版社，2018年。

6. 郑双、沈珉、徐逸扬编著：《图说楼外楼》，浙江人民出版社，2018年。

丛书编辑部

艾晓静　包可汗　安蓉泉　李方存　杨　流
杨海燕　肖华燕　吴云倩　何晓原　张美虎
陈　波　陈炯磊　尚佐文　周小忠　胡征宇
姜青青　钱登科　郭泰鸿　陶文杰　潘韶京
（按姓氏笔画排序）

特别鸣谢

魏皓奔　杨作民　丁云川　徐海荣（系列专家组）
魏皓奔　赵一新　孙玉卿（综合专家组）
夏　烈　李杭春（文艺评论家审读组）

图片作者

张国栋　张闻涛　周兔英　郑从礼
（按姓氏笔画排序）